JN212660

税理士が
知っておきたい

兄弟姉妹の相続

税理士
小林磨寿美 著

清文社

はじめに

　我が国は今、出生率の低下、単身者世帯の増加、高齢化などにより、大きな人口構造の変化に遭遇しています。この変化は、経済活動や社会生活にだけでなく、社会通念に対してまでも、影響を及ぼしています。

　その一つに、相続実務の現場についてのものがあります。それは、被相続人に子がなく、被相続人の兄弟姉妹や甥姪が相続人となる相続の増加です。平成27年からの相続税の基礎控除額の改正もあり、実際に相続税の納付義務の生ずる事案でも、兄弟姉妹相続となる事案が目立ってきました。

　そもそも相続とは、被相続人と生計をともにした遺族の生活を保障する趣旨であるとみる説が有力です。しかし、兄弟姉妹相続となるケースでは、被相続人と相続人が生計をともにしていた時期があるとしても、被相続人に配偶者がいる場合を除き、相続開始時にお互いが扶養関係にあることは、一般的ではありません。つまりは相続人にとって、被相続人の遺産は生活を維持するためになくてはならないものとはいえないことが多いようです。

　相続のもう一つの趣旨に、被相続人の遺した財産が、主のないものとなってしまうことを防ぐということがあります。生計をともにした遺族に対する相続では、ほとんど意識されないこの趣旨が、兄弟姉妹相続となるケースでは、意識されることも多いように感じます。

　ともすれば棚ぼたのような受け取り方がされる兄弟姉妹相続ですが、相続人となる方たちには、亡くなった方の財産を、その形態は変わったとしてもしっかりと引き継いでいこうという意思が感じられることも多いのです。

この本は、1章 兄弟姉妹相続とは、2章 相続手続き上の問題、3章 相続税申告上の問題、4章 法定果実と申告の4つの章に分かれています。そして、被相続人が単身者である兄弟姉妹相続を中心に、兄弟姉妹相続の実務について取り扱っています。

　1章では、兄弟姉妹相続が増えてきた背景と、実際の兄弟姉妹相続についての様々なエピソードを紹介しています。2章では、夫婦間や親子間に比べ、互いの距離があまり近くない兄弟姉妹間・甥姪間で、相続手続きを行う際に特に注意しなければならないことを中心に、その手続き上の問題点を解説しています。

　3章では、兄弟姉妹相続において特に顕著な相続税法上の取扱いを中心に、申告上の問題点について解説しています。兄弟姉妹相続となるような単身者であった被相続人は、資産運用などをしっかり行っているケースも多いのですが、4章では収益物件を保有していたような被相続人を念頭に、その法定果実、例えば、賃貸アパートとその家賃について、相続発生による税法上、特に所得税法上の取扱いについてまとめたものです。これは特にこの本の特徴だといえます。

　本書はこのような兄弟姉妹相続について、多くの図表をもって、また沢山の裁決例、裁判例を取り上げて解説しています。これらが、実務に引き寄せて考えることの助けとなることと信じています。

　終わりに、今回の出版게におきまして、清文社の編集局から頂きましたご厚情と多大なご協力に心から深謝するとともに、この本が、当分はますます増えると思われる兄弟姉妹相続事案の処理に役立つことを願っています。

平成30年9月

税理士　　小林　磨寿美

目次

第4章　法定果実と申告

凡　例

相法	相続税法
相令	相続税法施行令
相規	相続税法施行規則
相基通	相続税法基本通達
財基通	財産評価基本通達
民	民法
所法	所得税法
所令	所得税法施行令
所基通	所得税基本通達
措法	租税特別措置法
措令	租税特別措置法施行令
措規	租税特別措置法施行規則
措通	租税特別措置法関係通達
地法	地方税法
消法	消費税法
消基通	消費税法基本通達
国通法	国税通則法
耐用年数省令	減価償却資産の耐用年数等に関する省令

最判昭62.3.3	昭和62年 3 月 3 日最高裁判所判決
東京高判平27.8.6	平成27年 8 月 6 日東京高等裁判所判決
東京地判昭47.4.4	昭和47年 4 月 4 日東京地方裁判所判決
大判昭9.1.30	昭和 9 年 1 月30日大審院判決
大決昭5.12.4	昭和 5 年12月 4 日大審院決定
平22.3.15裁決	平成22年 3 月15日国税不服審判所裁決

民集	最高裁判所民事判例集／大審院民事判例集
判タ	判例タイムズ
Z065-2892	TAINSコードZ065-2892

〈条数等の略記〉所法59①一　　所得税法第59条第 1 項第 1 号

(注) 本書の内容は、平成30年 8 月末日現在の法令等に基づいています。

第1章

兄弟姉妹相続とは

相続税の申告実務に関わっていますと、ここ最近、被相続人の兄弟姉妹が相続人となる事案が増えているように感じます。その背景として、生涯独身者、早期離婚者、子を持たない夫婦が増加していることがあるとわれています。

統計データを見ると、確かに、50歳までに一度も結婚しない人の割合を表す「生涯未婚率」が上昇し続けています。最新の2015年は男性が約23.4％、女性が約14.1％でした。1980年と比べて男性の未婚者の割合は約10倍、女性が3倍に膨らんでいます。

性別、50歳時の未婚割合 (生涯未婚率)、有配偶者割合、死別割合および離別割合：1920〜2015年

(%)

年次	男				女			
	未婚	有配偶	死別	離別	未婚	有配偶	死別	離別
1920	2.17	88.30	7.22	2.31	1.80	74.75	20.57	2.88
1930	1.68	88.96	7.42	1.94	1.48	75.18	20.85	2.50
1940	1.75	89.76	8.49	…	1.47	75.75	22.78	…
1950	1.45	91.96	5.34	1.24	1.35	75.20	21.30	2.15
1960	1.26	94.64	2.60	1.50	1.88	75.01	19.96	3.15
1970	1.70	95.38	1.47	1.45	3.33	78.79	13.84	4.04
1980	2.60	94.17	1.28	1.95	4.45	84.71	6.97	3.87
1990	5.57	89.91	1.14	3.38	4.33	85.65	4.93	5.09
2000	12.57	81.78	0.96	4.69	5.82	83.67	3.29	7.21
2005	15.96	77.84	0.82	5.38	7.25	81.68	2.84	8.22
2010	20.14	73.17	0.67	6.03	10.61	77.70	2.37	9.32
2015	23.37	69.80	0.57	6.26	14.06	73.88	1.88	10.18

資料：国立社会保障・人口問題研究所「人口統計資料集2018」
(注) 生涯未婚率は、45〜49歳と50〜54歳未婚率の平均値であり、50歳時の未婚率

　その一方、よく言われるような早期離婚者の増加は見て取れません。

同居期間別にみた離婚件数の年次推移（昭和22〜平成28年）

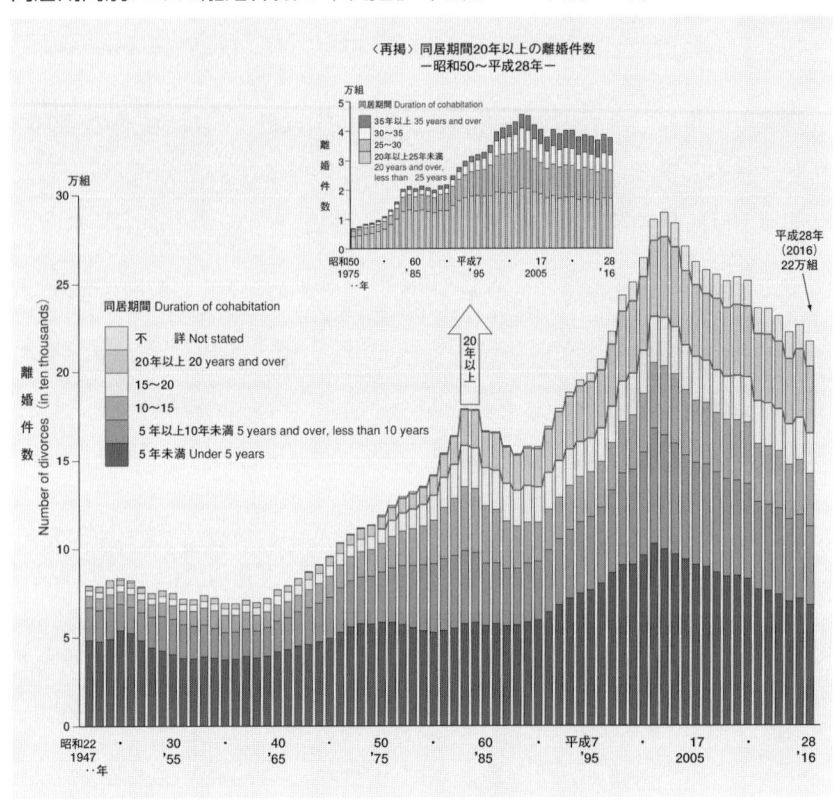

（出典）厚生労働省「平成30年 我が国の人口動態」34頁

　出生率低下については、次の「女性の年齢（各歳）別出生率：1925〜2016年」のようなデータが示す通りですが、それは、生涯未婚率の増加がもたらしたものであるだけでなく、既婚出生率の低下による面も多いとされています（岩澤美帆「近年の期間 TFR 変動における結婚行動および夫婦の出生行動の変化の寄与について」『人口問題研究』第58号 3 号、2002年 9 月、15-44ページ）。

女性の年齢（各歳）別出生率：1925〜2016年

年齢	1925年	1930年	1940年	1947年	1950年	1955年	1960年	1965年	1970年	1975年	1980年	1985年	1990年	1995年	2000年	2005年	2010年	2015年	2016年
15	0.00630	0.00358	0.00158	0.00045	0.00032	0.00008	0.00006	0.00005	0.00012	0.00005	0.00006	0.00013	0.00012	0.00019	0.00033	0.00036	0.00038	0.00034	0.00033
16	0.01514	0.00869	0.00322	0.00183	0.00171	0.00056	0.00039	0.00031	0.00032	0.00039	0.00051	0.00075	0.00060	0.00083	0.00132	0.00132	0.00122	0.00104	0.00099
17	0.03924	0.02397	0.00858	0.00734	0.00663	0.00253	0.00165	0.00166	0.00152	0.00182	0.00204	0.00249	0.00195	0.00222	0.00384	0.00344	0.00313	0.00303	0.00248
18	0.06993	0.05111	0.01998	0.02154	0.01770	0.00725	0.00517	0.00498	0.00531	0.00539	0.00503	0.00536	0.00467	0.00481	0.00732	0.00666	0.00611	0.00555	0.00493
19	0.12139	0.09062	0.04183	0.04561	0.04097	0.01833	0.01350	0.01346	0.01360	0.01287	0.01124	0.01418	0.01071	0.01047	0.01141	0.01354	0.01237	0.01060	0.01029
20	0.17621	0.14506	0.06949	0.08746	0.07900	0.04034	0.02987	0.03253	0.02966	0.02800	0.02175	0.02156	0.01873	0.01833	0.02161	0.02072	0.01943	0.01658	0.01583
21	0.21789	0.18164	0.11472	0.13086	0.12578	0.07372	0.06219	0.05959	0.05465	0.05613	0.03878	0.03540	0.02891	0.02791	0.03025	0.02865	0.02715	0.02244	0.02240
22	0.23986	0.21677	0.15436	0.16890	0.16773	0.11413	0.10810	0.10277	0.09815	0.09524	0.06393	0.05517	0.04223	0.03730	0.03515	0.03363	0.02795	0.02769	
23	0.25671	0.22790	0.19496	0.21890	0.20849	0.15365	0.14808	0.15813	0.13886	0.14315	0.10718	0.08430	0.05451	0.05090	0.04696	0.04361	0.04283	0.03547	0.03445
24	0.25584	0.25379	0.21871	0.24405	0.23176	0.18161	0.18328	0.19727	0.19712	0.19016	0.15368	0.12084	0.09134	0.06764	0.06033	0.05330	0.05507	0.04505	0.04288
25	0.25607	0.24709	0.23722	0.26404	0.24064	0.19235	0.19839	0.21755	0.23885	0.21626	0.18564	0.15842	0.10862	0.08737	0.07569	0.06415	0.06631	0.05707	0.05463
26	0.26453	0.25451	0.24094	0.28203	0.24807	0.19752	0.20233	0.22938	0.23242	0.21282	0.20511	0.18490	0.13451	0.09044	0.07597	0.07740	0.07034	0.06908	
27	0.25799	0.25106	0.23766	0.26166	0.23950	0.18512	0.19253	0.22118	0.21945	0.19954	0.19683	0.19192	0.15120	0.12514	0.10263	0.08603	0.08878	0.08523	0.08562
28	0.25251	0.24334	0.23787	0.27662	0.23227	0.17418	0.16955	0.19153	0.19718	0.15978	0.17636	0.18768	0.15697	0.12177	0.11178	0.09516	0.09859	0.09854	0.09684
29	0.25003	0.23151	0.23285	0.26768	0.22676	0.15670	0.14585	0.16494	0.16376	0.14442	0.14974	0.16658	0.15183	0.14545	0.11613	0.10152	0.10548	0.11035	0.10761
30	0.24044	0.22677	0.22753	0.25921	0.19468	0.13960	0.11992	0.13505	0.13156	0.11898	0.12051	0.13823	0.13572	0.12402	0.11320	0.10172	0.10571	0.11181	0.11100
31	0.23127	0.22381	0.21223	0.24723	0.19375	0.12608	0.09665	0.10616	0.10529	0.08648	0.08772	0.10963	0.11277	0.11077	0.10664	0.09597	0.10465	0.11041	0.10959
32	0.22956	0.21304	0.20762	0.23772	0.17867	0.11099	0.07521	0.08294	0.08339	0.06618	0.06606	0.08343	0.09157	0.09377	0.09598	0.08717	0.09822	0.10528	0.10543
33	0.20967	0.20455	0.18962	0.22007	0.16191	0.09713	0.05983	0.06207	0.06334	0.04966	0.04432	0.06251	0.07255	0.07783	0.07446	0.07748	0.09021	0.09852	0.09802
34	0.21275	0.20002	0.18712	0.20803	0.14676	0.08522	0.04631	0.04620	0.04787	0.03557	0.03414	0.04579	0.05369	0.06094	0.07175	0.06620	0.08013	0.09125	0.09049
35	0.20305	0.18545	0.16806	0.19444	0.13406	0.06566	0.03575	0.03370	0.03435	0.02553	0.02450	0.03199	0.03924	0.04601	0.05267	0.05562	0.06984	0.08169	0.08127
36	0.18491	0.17438	0.16117	0.17266	0.11701	0.06030	0.02896	0.02456	0.02509	0.01935	0.01696	0.02182	0.02835	0.03418	0.04100	0.04511	0.05794	0.07006	0.07023
37	0.17023	0.16600	0.14807	0.15598	0.10473	0.04934	0.02221	0.01717	0.01808	0.01377	0.01195	0.01490	0.01911	0.02370	0.02913	0.03379	0.04464	0.05625	0.05764
38	0.15807	0.14432	0.13293	0.13733	0.08974	0.03974	0.01740	0.01203	0.01250	0.00974	0.00912	0.01247	0.01638	0.02044	0.02276	0.03419	0.04485	0.04609	
39	0.14082	0.13219	0.11337	0.12080	0.07704	0.03093	0.01352	0.00839	0.00840	0.00668	0.00548	0.00674	0.00845	0.01070	0.01394	0.01885	0.02522	0.03357	0.03537
40	0.11949	0.11506	0.09732	0.09468	0.06228	0.02408	0.00909	0.00577	0.00553	0.00444	0.00346	0.00424	0.00528	0.00668	0.00892	0.01078	0.01716	0.02431	0.02512
41	0.09545	0.08970	0.07921	0.07501	0.04642	0.01680	0.00711	0.00405	0.00356	0.00278	0.00227	0.00247	0.00303	0.00405	0.00528	0.00678	0.01083	0.01533	0.01653
42	0.07390	0.06850	0.06017	0.05345	0.03302	0.01145	0.00475	0.00259	0.00225	0.00186	0.00146	0.00158	0.00174	0.00228	0.00293	0.00373	0.00623	0.00906	0.00953
43	0.05199	0.04659	0.04061	0.03564	0.01975	0.00673	0.00285	0.00150	0.00122	0.00101	0.00076	0.00076	0.00086	0.00124	0.00153	0.00192	0.00300	0.00478	0.00511
44	0.03389	0.03004	0.02621	0.02138	0.01204	0.00368	0.00156	0.00090	0.00071	0.00048	0.00039	0.00039	0.00040	0.00056	0.00076	0.00096	0.00153	0.00219	0.00233
45	0.02069	0.01740	0.01511	0.01183	0.00539	0.00174	0.00084	0.00039	0.00043	0.00024	0.00002	0.00017	0.00016	0.00023	0.00031	0.00044	0.00054	0.00090	0.00089
46	0.01235	0.00968	0.00858	0.00608	0.00271	0.00086	0.00038	0.00020	0.00018	0.00010	0.00007	0.00007	0.00009	0.00011	0.00016	0.00023	0.00028	0.00033	
47	0.00782	0.00607	0.00590	0.00333	0.00119	0.00037	0.00027	0.00011	0.00009	0.00004	0.00004	0.00002	0.00003	0.00004	0.00007	0.00007	0.00014	0.00014	
48	0.00572	0.00450	0.00378	0.00225	0.00075	0.00023	0.00010	0.00006	0.00005	0.00002	0.00001	0.00001	0.00001	0.00001	0.00002	0.00004	0.00006	0.00005	0.00006
49	0.01696	0.01626	0.01546	0.00738	0.00234	0.00075	0.00028	0.00007	0.00002	0.00002	0.00001	0.00001	0.00002	0.00001	0.00004	0.00007	0.00014	0.00009	
合計	5.09867	4.70499	4.11352	4.54344	3.65059	2.36953	2.00390	2.13926	2.13494	1.90885	1.74582	1.76356	1.54265	1.42170	1.35918	1.26010	1.38734	1.45040	1.44133

国立社会保障・人口問題研究所『人口問題研究』による。1947〜70年は沖縄県を含まない。率算出の分母人口は、1925〜40年は総人口、1947年以降は日本人人口。合計は、合計特殊出生率を表す。

　未婚であったり、結婚しても子がなかったりした人が亡くなった場合、直系尊属、つまりその人の親が相続人となるのですが、両親共にすでに鬼籍に入っているときは、兄弟姉妹が相続人となります。国税庁のホームページには、相続人が被相続人とどういう関係にあるかを示すような統計データは公表されていません。しかし、実務では、被相続人の兄弟姉妹が相続人となるような事案に出会うことが多くなってきたという実感があります。

第2節 兄弟姉妹相続となるケース

1 法定相続人

　具体的にどのような場合に被相続人の兄弟姉妹が相続人となるのでしょうか。

　相続人の範囲や法定相続分は、民法で定められています。

　死亡した人の配偶者は常に相続人となり、配偶者以外の人は、次の順序で配偶者と一緒に相続人になります。

【第1順位】

・死亡した人の子供。

・その子供が既に死亡しているときは、その子供の直系卑属（子供や孫など）が相続人となります。子供も孫もいるときは、死亡した人により近い世代である子供の方を優先します。

【第2順位】

・死亡した人の直系尊属（父母や祖父母など）。

・父母も祖父母もいるときは、死亡した人により近い世代である父母の方を優先します。

　第2順位の人は、第1順位の人がいないとき相続人になります。

【第3順位】

・死亡した人の兄弟姉妹。

・その兄弟姉妹が既に死亡しているときは、その人の子供が相続人となります。

　第3順位の人は、第1順位の人も第2順位の人もいないとき相続人に

なります。

　なお、相続を放棄した人は初めから相続人でなかったものとされます。また、内縁関係の人は、相続人に含まれません。

　ところで、本来、相続人となるべき人が、相続開始前に死亡していたり、相続欠格・相続廃除により相続権を失った場合には、その子が相続する代襲相続という制度があります（民887）。相続人となるべき兄弟姉妹が、相続開始前に死亡等していたときは、その兄弟姉妹の子、被相続人から見ると甥姪が相続人となります。ただし、その甥姪までも相続開始前に死亡等していたときは、再代襲しません（民889②）。つまり、又甥や又姪は相続人とはなりません。

　また、相続人が相続放棄をした場合、その人は、その相続に関しては、初めから相続人とならなかったものとみなされますので、代襲することはありません（民939）。

被相続人に配偶者がいない場合の兄弟姉妹相続となるケース

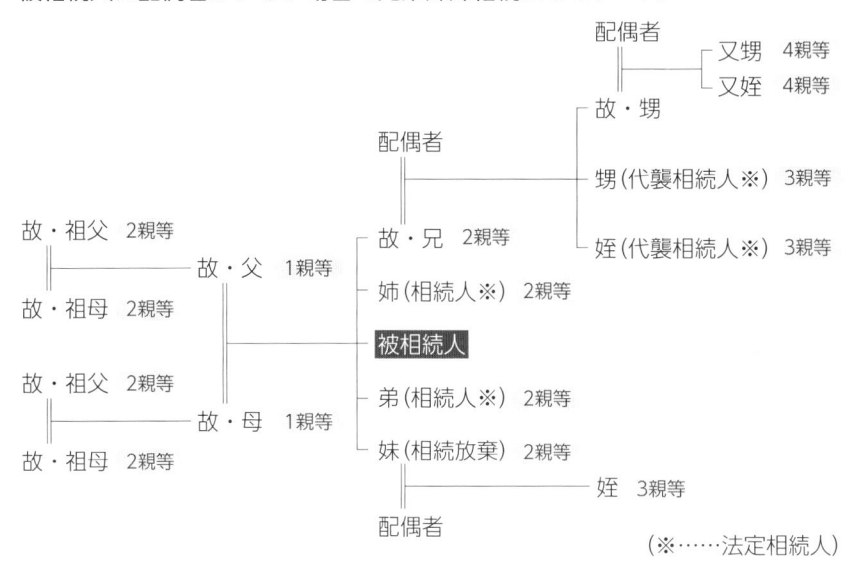

（※……法定相続人）

　被相続人に子がいないとしても、もともと子をもうけなかった場合の他、子に先立たれた場合もあります。また、被相続人の配偶者が存命の場合、その配偶者と共に兄弟姉妹が相続人となりますが、配偶者の生活の保障と兄弟姉妹の権利の主張との間で、難しい問題が発生することもあります。

2 法定相続分

　法定相続分は民法900条で次のように定められています。

① 配偶者と子供が相続人である場合

　　配偶者１／２　　　子供（２人以上のときは全員で）１／２

② 配偶者と直系尊属が相続人である場合

　　配偶者２／３　　　直系尊属（２人以上のときは全員で）１／３

③ 配偶者と兄弟姉妹が相続人である場合

　　配偶者３／４　　　兄弟姉妹（２人以上のときは全員で）１／４

　兄弟姉妹相続の事案で、配偶者がいないか、配偶者がすでに亡くなっている場合では、兄弟姉妹間で均等に分けることになります。

第3節 兄弟姉妹相続の例

　相続事案はひとつひとつ固有なもの、それが実際に相続税の申告等でお手伝いさせていただいている者の実感です。ここでは、そのような相続事案の中から、兄弟姉妹相続における事例を見ていこうと思います。

1 子のない夫婦の片方が亡くなられた場合

　被相続人の配偶者が存命なことから、この本で取り上げる典型的な兄弟姉妹相続の例ではありませんが、実務ではよくある事例として、まずはこのケースを取り上げます。子のない夫婦の片方が亡くなられた場合、ご両親がすでに鬼籍に入り、被相続人に兄弟姉妹がいるときの配偶者の法定相続分は、前述のように、3／4となっており、残りの1／4は兄弟姉妹で均等となります。

　「先生、夫の弟さんが、法定相続分を主張されるのです。」

　ご相談に来られた方は、つい先日に配偶者を亡くされた女性でした。お子さんはいません。亡くなられた方は、一般の会社に勤められていた方で、定年退職間近に病で倒れられたのでした。そして、親から貰った財産があるとかいうわけでなく、住宅ローンで手に入れたマイホームと死亡退職金だけが目立った財産でした。

> 「葬儀の時は、お義姉さん、大変だったね、気落ちしないで体を労ってねって、声をかけてくれましたのに。」

　それが突然、自分にも法定相続分があるはずだと、電話があったのだそうです。実はその当時、話題となっていた朝の連続テレビ小説がありました。そして、義弟さんは見るともなしにそのテレビをみていますと、子のない夫婦に相続が発生し、兄弟が法定相続分を主張するという場面がちょうど繰り広げられていたのだそうです。それをみて、義弟さんは、自分にも権利があると思い、電話をかけてきたというわけです。

　しかし、夫婦2人で力を合わせて築き上げたささやかな財産を、故人の兄弟とはいえ、その財産の構築に寄与したとは思えない他の方に分けなければならないのでしょうか。そこには2つの誤解と1つの事情がありました。

　1つは、法定相続分についてです。ドラマでは、法律で決められた権利だと登場人物は主張していたらしいのですが、法定相続分は相続人の権利ではないというのが定説です。法定相続分は、当事者間で争いとなった場合、裁判官等が判断する際の目安です。調停などでも、法定相続分を目安としますが、それぞれの事案に応じ、それと異なる分け方で決着する場合もあります。

　もう1つは死亡退職金についてです。死亡退職金は、会社の支給規定においてその受取人を具体的に決めている場合には、遺産分割の対象となりません。そして、一般的な死亡退職金の支払い規定では、配偶者や同居の親族が受取人として指定されている場合が多いようです。さらに、死亡退職金の支給規定のない財団法人が、死亡した理事長の配偶者に対して死亡退職金の支給決定をした上これを支払った場合において、その死

亡退職金は、亡理事長の相続財産として、相続人の代表者としての配偶者に支給されたものではなく、相続という関係を離れて配偶者個人に支給されたものであるとした最高裁判決もあります（最判昭62.3.3）。その事例も、支給団体が特定の者に支給決定をしたということがポイントでした。

　なお、ここで注意したいのは、これらはあくまでも民法上の話であり、相続税法上は死亡退職金を相続財産とみなして課税する規定があります。

　そして最後の１つは相続人である義弟の事情です。当時義弟は、会社経営をしており、資金繰りに窮していました。自身が困っているときには、自分の権利を主張したくなるのは無理のないことかもしれません。なかなか武士は食わねど高楊枝というようにはいかないものです。

　この事案は、相続税の基礎控除改正前の事案であり、幸い相続税がかからないものでした。そこで、配偶者の方には一旦実家に身を寄せていただき、冷却期間をおいてから、義弟さんと話し合いをしていただきました。そして、マイホームの分だけの分割と分かったこともあり、配偶者のこれからの生活に支障のない範囲での義弟への分割で、決着しました。

　これが、死亡退職金でなく、退職後の相続であったなら、または義弟が自分の権利をもっと主張したならば、このような結末を迎えることはできなかったかもしれません。ですが、この事案では、その後も穏やかに法事を執り行うことができるような解決となりました。

2　遺産の総額をめぐる認識

　兄弟姉妹相続の場合、被相続人と相続人の年齢が近く、既に亡くなっている場合もあり、実際は、甥姪が相続人となることも多いようです。

　ある時、中心となって相続手続きを進めている相続人の方が言いました。

> 「先生、甥姪たちは何もいらないと言うのです。叔父とはあまり行き来もなかったからと。」
> 「相続財産の総額を知らせて説明されましたか。」

　相続発生により法定相続人となる甥姪は、もともとが期待していなかった財産であり、自分たちの権利を主張するのもはばかられるといった心理が働くようです。特に、独身で亡くなられた方の財産が、その方が会社に勤めて貯めてきた結果である場合はなおさらです。

　もっとも、それは、その財産の額を知らされていないときであって、実際にその額を聞いたならば、考えが変わるというのもよくあることです。亡くなられた方が会社勤めの単身者であった場合でも、遺産総額が1億円を超えることも珍しくありません。兄弟姉妹相続で、しかも甥姪相続となると、法定相続人の数も多くなりますが、相続税の基礎控除額を軽く超えてしまうということもよくあります。

　遺産分割協議を行う場合に、法定相続人の一部の者しかその全容を知らないような場合、後でその内容を知るようなことになったときは、その知らされなかったことについてわだかまりが生じます。また、そういうことだったならば、遺産分割協議書に印鑑を押さなかったとの不満がでてくるときもあります。

　遺産の全容を知らされなかったこと自体が、遺産分割協議の無効原因かというと実際はそうでもありません。現行民法95条は以下のように定めています。

民法95条

　意思表示は、法律行為の要素に錯誤があったときは、無効とする。ただし、表意者に重大な過失があったときは、表意者は、自らその無効を主張することができない。

　錯誤とは、簡単にいえば、誤り、勘違いなどを指しますが、「法律行為の要素」に錯誤があった場合にのみ無効となるとしています。そして、上記のような「そういうことだったならば、印鑑を押さなかった」だけでなく、「その錯誤がなかったならば、本人はその意思表示をしなかったであろうと考えられるだけでなく、普通一般人も、その意思表示をしなかったであろうと考えられるほどに重要なもの」などとされています。

　さらに、上記のような動機の錯誤については、「意思表示をなすについての動機は表意者が当該意思表示の内容としてこれを相手方に表示した場合でない限り法律行為の要素とはならないものと解するを相当とする」（最判昭29.11.26）とされており、たいした財産はないだろうから押印しますと言ったとしても、なかなか具体性に欠けるように思います。

　なお、平成29年5月26日成立、平成32年（2020年）4月1日施行予定の改正民法（債権法）では、意思表示の錯誤は無効原因ではなく取消要因とされており、取消の主張がなされるまでは有効な法律行為となることになります（新民法95）。

　とはいえ、遺産の総額や全容を知らせずに分割協議を成立された場合、後のトラブルの原因となったり、人間関係を壊す要因となったりしかねません。特に、内容を後で知った相続人は、それならばもっと欲しかったとかいうことではなく、信頼していた叔父さんや叔母さんに裏切られたような気分になりショックを受けることが多いようです。ですので、遺産の総額や全容を知らせた上で意思の確認をし、遺産分割協議を成立させることが望ましいと思います。

3　代償財産とはんこ代

　相続財産の調査が終わり、基本通り、法定相続人全員に集まっていただき、遺産の全容、総額、懸念事項等をご説明し、遺産分割の方針を決めて頂くこととなりました。今回は兄弟姉妹3名、代襲相続人である甥

姪が2組各2名の計7名の法定相続人です。

久しぶりに顔を合わせる方もいらっしゃり、近況報告等、和やかに始まりました。

相続財産であるアパートについて、売却可能性やそれに伴う諸費用、譲渡所得税についてなどのご説明から、みなさん、わいわいと話が盛り上がり、脱線気味になりました。

「私たちは少しでいいから。現金で、税引後の丸い数字でください。」

話の中心となっている兄弟たちから、少し離れて座っている甥姪の方から声が上がりました。その後、兄弟姉妹の相続人が主要な財産を取得し、甥姪はいわゆるはんこ代（82頁参照）をもらうという合意がありました。

兄弟姉妹相続の場合、特定の財産を特定の人が取得するというよりは、全員でほぼ均等に取得するか、甥姪はそれぞれ数百万円、その他の相続人は、残りの財産をほぼ均等に取得するというパターンが多いようです。

この甥姪が取得する現金、いわゆるはんこ代ですが、遺産分割の際、遺産を相続する代わりに自分の財産を他の相続人に渡すもので、あくまでも相続の手続きのなかでの金銭等のやりとりとなります。そして、このように、はんこ代等をやりとりすることを、代償分割といいます。

ところで、ドラマなどで、ある日黒いスーツを着た男（後で弁護士と判明する）がやってきて、封筒に入った現金を示し、伯父さんに相続が発生したのでこの書類に署名し、判をついてくれと主人公に迫るなどといった場面をご覧になったことがあるのではないでしょうか。これがはんこ代です。その際に一旦示した現金から、この分は君の相続税で、この分は遺産分割の諸費用だからと、その場で金銭を差っ引くようなことはなかったと思います。

現実にはんこ代を渡す場合は、はんこ代とその相続人についての相続

税の納付書を手渡すこともありますが、相続税の納付書を各相続人に渡さないで、中心となって相続手続きを行っていた人が、まとめて納付することもあります。では、その納付税額は、結局誰が負担しているのでしょう。

相続財産を多く取得した相続人が、上記の納付税額を全額負担する場合もありますが、それではその相続人から、はんこ代を受け取った相続人への贈与になります。そこで、遺産分割協議において、実際に渡すはんこ代とその相続人に係る相続税相当額の合計額を代償金として、他の相続人が支払うことを合意し、実際に手渡すはんこ代は代償金から相続税相当額を控除したものにする方法があります。

「税引後の丸い数字で」、その相続人がどこまで理解しておっしゃったのかはわかりません。ですが、そうなるように調整して渡すことは、実際に行われています。

4　「特殊事情の方」がいる場合

兄弟姉妹相続となるような場合は、法定相続人が大勢となることもよくあります。そして人数が多くなるほど、その中に「特殊事情の方」が紛れ込むこともでてきます。

> 「先生、兄にも相続人となったことを知らせなければダメですか。」
> 「それはそうでしょう。法定相続人全員の合意がなければ、基本的に名義書換の手続きはできません。」
> 「でも、先生。亡くなった叔父は、兄に向かって、お前には金輪際何もやらんと怒鳴ってましたよ。」

こちらも被相続人の兄と姉、故・長兄の子である甥姪（長男、次男、長

女）が法定相続人となった事案です。相続人の兄姉は高齢のため、故・長兄の次男が相続手続きに奔走していました。彼の兄はなんでも浪費癖があり、親戚中からお金を借りて返さなかったり、債権者が何人も親戚の家にまで押しかけてきたりというようなことがあったようです。親戚中、もう縁を切ったといっているのだそうです。

　確かに、不当に相続財産を受け取ろうとしたり、過去に被相続人に対しての素行が悪かった相続人に対しては、相続人になれなくする相続欠格・相続廃除という制度が用意されています。とはいえ、相続欠格は被相続人を殺すとか、遺言書を偽造、変造等するとかしたことにより、相続権を失うことであり（民891）、通常は考えられません。相続廃除は、被相続人に対して虐待若しくは重大な侮辱を加えたとき、非行を働いたときに、被相続人の意思によって相続人の相続権を奪う制度ですが、その対象は、「配偶者」や「子」であり、兄弟姉妹、ましては甥姪にはできません（民892）。

　被相続人が生前、お前には何もやらんと言ったとしても、単に生前に贈与しないということか、相続権を制限する意味合いか、判然としません。

　このケースでは、兄は法定相続分までも主張するのではなく、ある程度まとまった金銭をもらえばいいと主張したようです。

　しかし、次男はこう言いました。

> 「遺産分割協議書を見せるのですか。兄のような鼻つまみ者に、誰がどのくらい財産を取得したか知られたくない。」

　親子間の相続などでは、どの程度相続財産があるかなど、なんとなく分かっているものです。しかし、兄弟姉妹相続の場合は、どの程度相続財産があるのか、あまり分かっていません。思いのほか財産があることがわかれば、兄が「ある程度まとまった金銭」を使い果たした後に、たか

りに来るのではないかと危惧していたのです。

そこで検討したのは、相続分の譲渡です（民905）。つまり兄の相続分を他の相続人に譲渡させ、その対価として「ある程度まとまった金銭」を渡すという方法です。兄の名前で相続分譲渡証書を作成し、兄が署名し実印で捺印することになります。この相続分譲渡証書と他の相続人についての遺産分割協議書により、不動産の登記も可能となります。

この手続きは、相続税法的には代償分割と同様な効果を持つことから、相続税の申告では代償分割と同様の取扱いとなります。つまり、「ある程度まとまった金銭」を払った方については、その金額をマイナスの取得財産とし、兄については同額をプラスの取得財産として申告することとなります。したがって兄にも相続税はかかりますが、それを誰が負担するかについては、他の相続人で話し合ってもらい、場合によってはその金額はその負担した方から兄への贈与ということで処理します。

5　財産は案外見つけ出せる？

兄弟姉妹相続では、被相続人が単身で暮らしていたようなケースが多く、その財産がどこにどれだけあるかが分からないのではないかとよく聞かれます。

確かに、生前は兄弟といってもどのくらい財産を持っているかとか、どこに持っているかといったことは聞きにくいものです。エンディングノートを残していたというケースには、実務ではなかなか遭遇しません。

それならば、被相続人の財産など、全くの五里霧中でわからないかというと、そうでもないのです。実際の探し方などは2章に譲りますが、本人がいない分、遠慮なく家捜しができますので、時間に余裕がない方を除き、結構見つけ出すことができます。

「意外とわかるものですね。」

　先日の兄弟姉妹相続の事例でも、被相続人の甥がしみじみと仰いました。しかし、考えてみれば、田舎で離れて暮らしている両親についても、どの程度その生活を子が把握しているかとなるとこころもとありません。兄弟姉妹だから、叔父叔母だからわからないということでもなさそうです。

6　「何もいらない」の裏にある事情

　兄弟姉妹相続では、相続人となる人がその相続について、関心が薄い場合も少なくありません。それでも税理士事務所に持ち込まれる事案では、相続人のうちのどなたかが中心になって相続手続きを進めているものですが、税理士が知らない案件で、誰も相続手続きをしないまま、放置されているものもあるのかもしれません。

「きちんと調べてあげて、財産を相続することも供養だと思うのです。」
「だから、姪たちにも、貰ってほしいのですが。」

　相続人は被相続人の兄と妹、故・姉の子である2人の姪の合計4名でした。被相続人の兄、そしてその娘さんが中心になって相続手続きを進めていた事案でした。

「自分たちは何もいらないと言って固辞するのです。」

　それでも、相続を放棄したわけではないので、やはり現金を渡すこととし、直接会いに行ったのだそうです。そこで聞かされたのは、今まで

知らなかった事実でした。

　姪たちは早くに父親を亡くし母親1人に育てられており、そこで、何かと頼りにしたのが亡くなった叔父だった。高校を卒業するときも叔父がポンと2人分の学資を出してくれたので、進学をすることができた。今の自分たちがあるのは何もかも叔父のおかげだ。亡くなった母によく言って聞かされていたので、自分たちはこれ以上、叔父から何かいただくことはできない。

　相続放棄をしたならば、法定相続人の数が減ることになり、相続税額が多くなってしまうということも考えての行動でした。

　被相続人とその兄は離れて暮らしていました。被相続人と故・姉（姪たちの母親）は一時期近くに住んでいたことがあったようです。「もしかしたらと思わないこともなかったけど、弟も何も言わなかったので知らなかった」とのことです。

　法定相続分で遺産分割するとしたら、特別受益として考慮すべきことになるのかもしれません。それでも、これだけ遺産があるのだから、貰ってほしかったと被相続人の兄は考え、姪たちに渡そうとした現金も含め、一旦自分が相続するが、今度は自分の遺言として姪たちにその現金を取得させることにしました。兄には妻子がいるため、姪たちは相続人になれませんし、そうやって遺贈することにしても特別受益にもなりません。もちろん、娘さんも同意しています。

　弟に先立たれたのは悲しいことだが、自分の相続だってそう遠くない。その前に亡くなった弟と妹のことを知ることができてよかったと、被相続人の兄は呟いていたということです。

7　「家なき子」特例を受けるか否か

　被相続人が遺した不動産について適用できる特例として、小規模宅地等の減額特例があります。この特例のうち、事業用宅地等に係るものに

ついては、被相続人の事業の用に供されていた宅地等をその事業ごと相続人である兄弟姉妹や甥姪が継ぐことは稀でしょうが、アパートなどについては、これらの相続人が引き続き賃貸を続けるということがあります。

　その際、事業承継要件と保有継続要件、①つまりその宅地等に係る被相続人の貸付事業を相続税の申告期限までに引き継ぎ、かつ、その申告期限までその貸付事業を行っていることと、②その宅地等を相続税の申告期限まで有していることの両方を満たすならば、その宅地等のうち200㎡まではその評価額の50％まで減額できます。ですので、換金しようという場合でも、申告期限後に譲渡するという条件で譲渡先を探すこともありますが、その一方、不動産取引は生ものですので、もし、高く買い取ってくれるという者が現れたら、特例適用に拘らず、申告期限まで待たずに、売却することもあります。

　被相続人がマイホームを保有していた場合は、その敷地に居住用の特例の適用があるのですが、兄弟姉妹相続の場合、被相続人と同居していたことは極めて稀でしょうから、いわゆる「家なき子」に該当するかどうかが、特例適用の分かれ目ともいえます。居住用の場合は、330㎡までその評価額の80％が減額されます。

　税理士としては、できれば特例を適用したいところですので、その責任を果たすためにも特例適用要件の充足方法を相続人の方にご説明いたしました。

「いえ、相続税が安くならなくていいです。」
「ここに住まなくても、申告期限まで保有していればいいのですが。」

　被相続人の甥にあたる相続人が、就職を機に実家を出て会社近くの賃貸マンションに住んでおり、5年を経っていました。平成30年度の改正で入れられた「相続開始前3年以内に三親等内の親族が所有する家屋に居住したことがないとする要件」までも満たします。

　甥が被相続人の自宅を相続すれば、小規模宅地等の減額特例を受けることができるのです。

> 「もともと棚ぼただったのですし、相続税が多少安くなるよりも、縛られない方がいいです。」

　不動産を取得したならば、その後管理していかなくてはいけないし、固定資産税や維持管理費もかかる。賃貸することもできるけれど、月の手取額は数万円だ。売却して換金するとしてもそれなりの手間がかかる。それならば、そこまで欲をだす必要はない。

　そのように仰って、相続取得することを固辞されました。

　この事案では、他に賃貸不動産を有する被相続人の兄が、その不動産を取得しました。そして、譲渡所得の計算において、相続税額の取得費加算ができる相続税の申告期限から3年以内に譲渡できたのですが、少し癖のある不動産でしたので、仲介業者経由では売れず、近隣の方に働きかけ、買い取ってもらったということです。

8 被相続人の財産をすべて換金してプールする場合

　相続が発生すると思いのほか費用がかかります。しかし、預金者の死亡を銀行が把握したときには、その口座は凍結されますので、相続人は、被相続人の戸籍等の他、相続人全員の同意書を提出しなければ、その処分ができません。ただ、その際、必ずしも遺産分割協議書を提出する必

要はなく、相続人全員が合意した代表者の口座に払戻しを請求することができます。これは相続人が被相続人の兄弟姉妹や甥姪にあたる場合も同じです。そして、この方法により、相続手続きを行った方がいらっしゃいました。

> 「預金も有価証券も、すべて別に契約した預金口座に入れているのです。」

　遺産分割協議を成立させるためには、被相続人の資産や負債をすべて把握する必要がありますので、それなりに時間がかかります。それに伴い費用も発生し、相続人の持ち出しとなることになります。そこで、相続人名義で新たに預金口座を開設し、上記のような預金口座からの払戻金、被相続人保有の株式の売却代金などをすべてそこに預けることにされたということです。

　被相続人の財産はすべて換金してそこにプールし、費用については、誰かが立て替えたとしても、その口座の名義人に領収書を提示して請求すればその預金から支払う。しっかりと帳簿をつけて管理されており、最終的にその口座に残った金額を法定相続人で均等に分けることとしたのだそうです。そうなると、相続手続きも一つの事業のようですが、そのように対処すると、結局は楽かもしれません。

　もっとも、相続税の申告における相続財産としての評価額と換金額は異なりますし、申告上相続財産から控除できる債務と、実際にかかった費用も異なります。ですが、そのような申告上のことは税理士に任せればいいのです。すべて換金化できるならば、このような方法により、手続きを単純化することができます。

　ところで、被相続人の銀行預金について、従来は、実務上の手続きとは別に、相続により当然分割され、各相続人は、銀行に対し、その相続

分に応じた預金の払戻しを請求することができると考えられてきました。しかしながら、平成28年12月19日最高裁大法廷決定により、普通預金、通常貯金、定期貯金が遺産分割の対象になると判断されました。したがって、預金の払い戻しには、一定の時間がかかります。

　これについて、民法（相続法）改正により遺産分割前に預貯金債権の一部を行使できる規定（仮払い制度）が置かれます（新民法909条の２）。これにより、預貯金債権×1/3×法定相続分（上限あり）までは、相続人単独で、払戻しができることとなります。

　しかし、これは現在の手続きの際に添付する相続人全員の合意書部分に対応しているだけのように見えます。ですので、相続人全員が合意しているような事案では、時短には繋がらないのではないかと思います。

9　借地権の返却と費用負担

　被相続人の財産はすべて換金して分けることにしても、換金できない資産や処分するのに費用がかかるものもあります。

「借地権も返すことにしたのですよ。」

　相続人らにとっては叔父である被相続人の自宅敷地は借地権でした。自宅自体は木造の古家であり、相続税評価はともかく、不動産市場では土地の価額のみで売買されるようなものでした。

「売主が取り壊すことを条件に売却されてはいかがでしょう。空き家控除も使えますし。」
「先生、それもどうかと思うのですよ。」

　そもそもこの借地権については、古い契約だったので、権利金を支払っていない。地代もとても安い金額にしてもらっている。地主さんは、引き続き使っていていいですよと言って下さっている。相続人はみんなマイホームを持っているので、やはり、地主さんに返すこととし、古家は相続人の負担で取り壊すこととしたのだそうです。

　この場合、相続人から地主への借地権の譲渡となるのですが、個人借地人から個人地主への無償譲渡ですので、借地人にも地主にも原則として課税関係は生じません。借地人の譲渡所得の計算では、地主から立退料を受け取っていませんので、譲渡対価はゼロとなり、取壊費用分がマイナスとなるとしても、そこで生じた譲渡損は、著しく低い対価による譲渡ということで、なかったこととされることとなります（所法59②）。

　また、この取壊費用は、相続後に生じたものですので、相続税の計算における債務控除の対象ともなりません。

　このように税金計算上は考慮してもらえない費用ですが、それを上回る相続財産があり、それももともと期待していなかった財産なので、手続きを早く終えることを優先したいということで、このような処理となったものです。

10　不良債権が存在する場合

　被相続人は同族会社の代表取締役社長でした。お子さんはなく、兄弟姉妹と甥が法定相続人でした。生前、社長に後のことを託されたという甥が、中心となって相続手続きを進めていました。社長はその同族会社の株式を100%持っていたのですが、それに加え、会社のB／Sには多額の役員借入金が計上されていました。

「会社にそんなに貸し付けていたのですか。会社の状態が悪かったの
　でしょうか。」
「バブルの時、会社に多額の利益がでて、税金対策のため高額な役員
　報酬を取ってらしたようなのですが、実際は現金を受け取っていな
　かったため、役員借入金として残ったのです。」
「そうはいっても、今の会社の状態では、こんな価値はないんじゃな
　いの。」

　社長借入金として計上されている金額は１億円近いのです。仰る通り、会社にそんな資力や収益力があるとは思えません。しかし、相続財産の時価を定めた財産評価基本通達では、貸付金債権の価額を、元本の価額と利息の価額との合計額によって評価するとし、元本の価額は、その返済されるべき金額としています（財基通204）。さらに、貸付金債権等の評価を行う場合において、その債権金額の全部又は一部が、課税時期において会社更生法の規定による更生手続開始の決定があった場合におけるその債務者に対して有する貸付金債権等の金額に該当するような場合には、それらの金額は元本の価額に算入しないこととなりますが（財基通205）、そうでない場合は額面価額で評価せざるを得ません。ということは、同族会社に対する貸付金を相続した相続人は、実入りがないのに相続税の負担だけを背負い込んだこととなるかもしれないのです。

　このケースでは、それでも叔父に後を託されたからと言って、甥である相続人がこの同族会社に対する貸付金（会社Ｂ／Ｓ上は役員借入金）を引受け、多額の納税をしました。難航したのが他の相続人への説明です。おまえはそんなに遺産をとるのかと言われ、現金の裏付けのある資産ではないのだといくら説明してもなかなか納得してもらえなかったとのことです。これでは甥の苦労が報われません。

　それでも、会社の経営は元従業員が引き継ぎ、会社にとっては負債と

なるその貸付金については、毎月10万円ずつ、この甥に対して返済しています。所得税の課税されない年金を取得したようなものともいえますが、全額返済には100年近くかかり、そこまで会社は存続しないだろうというのが大方の見込みです。さらに、その前にその相続人に相続が発生したら、また高く評価されるのかという危惧があります。

会社をどうするか、事業譲渡し清算してしまうのか等、タイミングを図っているところです。

なお、この事案については、相続税の申告書提出後、この会社貸付金を評価減して更正の請求をしましたが、財産評価基本通達204又は205から根拠がないとして、その請求は棄却されています。

11 　所得税の問題

被相続人がアパートを所有していたケースで、アパートを換金して皆で分けようということになりました。しかし、売却手続きに時間がかかるかもしれないこと、譲渡所得の計算を簡単にしたいということから、相続人の１人がそのアパートを相続し、その代わり他の相続人に代償金を支払うということになりました。

ところでアパートですから、相続が発生しても受取家賃は発生していきます。管理会社は、遺産分割協議が成立するまで、その入金額をプールし、特定の相続人が処分できないようにしていました。その金額が、遺産分割協議成立とともに、この相続人の口座に振り込まれました。結構まとまったお金です。

「先生、これ僕が貰っていいの。」

いえいえ、これはこのアパートが法定相続人の間で共有であったとき

の収入ですから、みんなのものです。その後、程なくこのアパートの売買契約が成立し、買主に引き取られていきました。その際、譲渡代金から仲介手数料等だけでなく、賃借人からの預り敷金が差し引かれました。その一方、未経過固定資産税は加算されています。その他に、遺産分割協議成立以後、引渡しの日までの家賃も振り込まれました。

「こちらの家賃は、僕のものなんですか。」

　所得税法上は、そうなります。

　この事案では、ともかく、被相続人の財産は全て換金して負債や費用を引いたところで皆で分けようという合意となっており、皆の取り分は税引後で均等になるようにということが基本方針でした。金銭の調整は、遺産分割協議での代償金によって行います。ですので、アパートの処分額が決まらないとか、その時期が遅くなるなどとした場合は、見込額で試算し、それをもとに決定することになります。

　これで、ほとんどの調整は相続手続きのなかで行うことができたのですが、所得税の申告は別です。受取家賃については不動産所得となりますので、超過累進税率が適用されます。つまり、その方の他の所得金額により税率が異なってくるのです。また、全員で分けることにより金額がそう多くなかったことから、相続人によっては、所得税の課税されない範囲に収まったり、年末調整をしているので、確定申告をしなくていい範囲になっていたりすることもあります。でも、医療費が高くなった場合とか、ふるさと納税などをしている場合等、還付を受ける目的で確定申告をするときには、配分された受取家賃分の申告もしなければなりません。

　納税はまとめてやっておいてと代表者が託されても、所得税は各人でということになります。

12　兄弟姉妹の失踪

　相談者の兄は独り暮らしをしていたのですが、ある日1人で旅に出かけ帰ってこないまま数年が経ってしまいました。新聞や郵便物などが溜まっていたことから、相談者に連絡がいき、警察に行方不明者の届出を提出し、また、心当たりはすべて連絡したのですが、戻ってきません。何かトラブルがあったとかの事実は出てこないので、旅先で何かあったのではと仰っていました。

　相談に来られたのは、譲渡所得の申告についてです。相談者と兄は、父親の相続の際、共有で土地を取得していました。その土地について、不動産会社から売却の打診があったのです。不動産会社は、こちらの事情を知り、財産管理人となる弁護士を紹介してきました。弁護士は家庭裁判所の許可を得、この共有土地の売却を行うことができ、その申告手続きを依頼されたのです。とはいえ、相談者の申告手続きは可能ですが、不在者については申告を行うことはできません（民103）。そちらは、財産管理人が、家庭裁判所の権限外行為許可を得て行うこととなります（民28）。

「そろそろ、兄のことを整理しなければならないと思いまして」

　その後、またしばらくして、相談者からご連絡がありました。相談者である弟さん自身も高齢です。自分の手で区切りを付けてあげたいと仰るのです。これが終わらないと自分も死ねないと。

　実際の失踪宣告の手続きは、まず、家庭裁判所へ「失踪宣告申立書」を提出し、失踪宣告の審判、審判所の正本の送達を経て、失踪宣告の審判が確定します。相続税の申告期限は、この失踪宣告の審判の確定した日の翌日から10か月以内となります。

　失踪宣告は、法律的に人を死亡させる行為ですが、弟さんからはちゃんとやってあげなければという思いが伝わってきました。兄弟姉妹相続では単身世帯も多いことから、このようなケースも増えてくるのかもしれません。

第4節　兄弟姉妹相続の特徴

1　相続財産の特徴

　被相続人が単身世帯で兄弟姉妹相続となるケースでは、相続財産について次のような特徴がある印象を受けます。

・金融資産が多い

・預貯金だけでなく、株式投資なども多い

・自分で取得した投資用不動産や自宅不動産を所有している

　もっともこのような特徴は、兄弟姉妹相続に限らず、基礎控除が縮小した平成27年以後に増加した相続についてもよくみられるものです。国税庁が平成29年12月に公表した「平成28年分の相続税の申告状況について」（国税庁ホームページ）の（付表5）相続財産の金額の構成比の推移を見ると、土地・家屋の割合があわせて43.5％であるのに対し、現金・預貯金等が31.2％、有価証券が14.4％であり、金融資産の割合が45.4％となっています

　逆に、先祖伝来の土地を多く持っているケースなどは、余り見られないように思います。これは、先祖伝来の財産を引き継ぐ子については、結婚圧力が強いためではないかと推測します。

2　遺留分についての注意

　法定相続人となる兄弟姉妹には遺留分がありません（民1028）。

　もっとも遺留分は相続人に法律上確保された最低限度の財産を示すものですので、法定相続人間で遺産分割協議をする場合に、適用される割

合ではありません。遺産分割協議では、あくまでも法定相続分の主張がされることに留意する必要があります。

3　基本的にプラスの財産を引き継ぐ

兄弟姉妹相続といっても、先の事例で示したように、いろいろなケースが存在します。ですが、基本的に債務が多いようならば相続放棄し、資産が多い場合のみ相続して皆で分けるということになるのではないでしょうか。

資産よりも債務が多そうな場合は、速やかに相続放棄の手続きをとる必要がありますので、放置しないでまずは財産調査から始めてください。

第 2 章

相続手続き上の問題

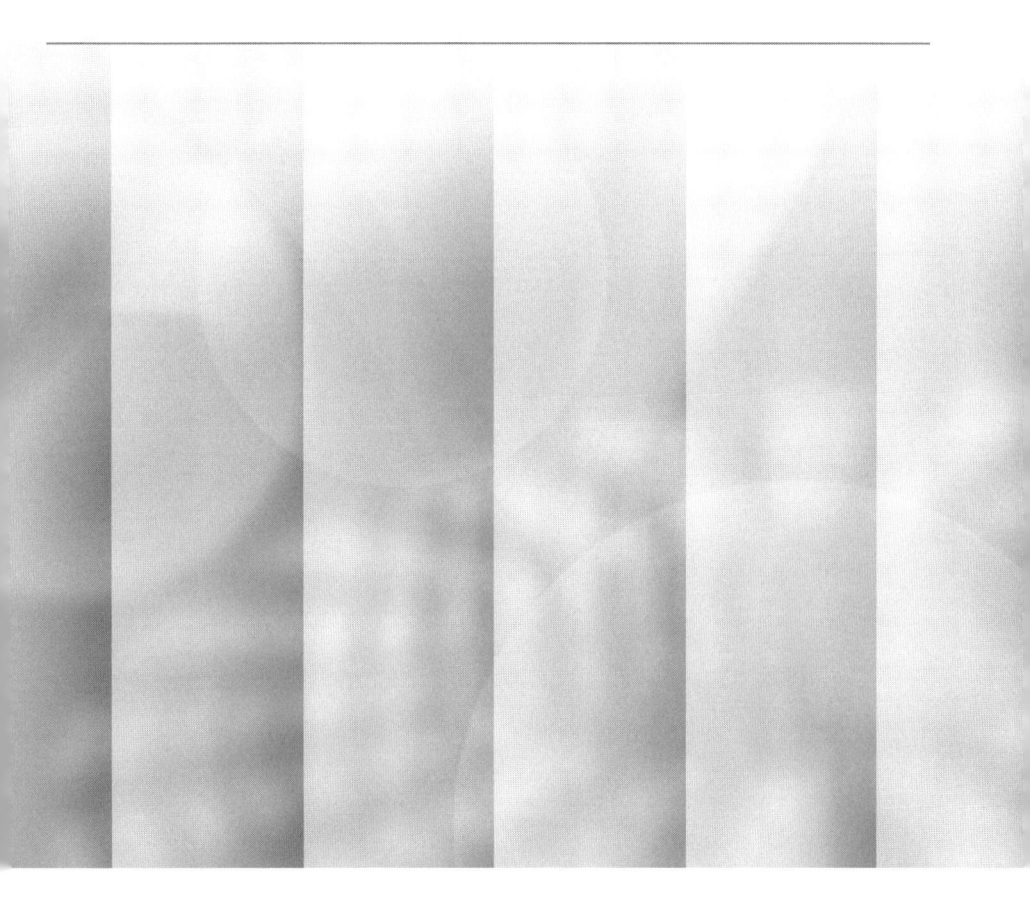

相続開始日

兄弟姉妹相続の場合、突然相続人となることも少なくありません。そこで、本章では、相続手続きの基本から、兄弟姉妹相続で特に問題となる点について解説します。

1 相続開始と熟慮期間

相続が開始した場合、相続人は次の3つのうちのいずれかを選択できます。

単純承認	相続人が被相続人の権利や義務をすべて受け継ぐもの
限定承認	被相続人の債務がどの程度あるか不明であり、財産が残る可能性もある場合等に、相続人が相続によって得た財産の限度で被相続人の債務の負担を受け継ぐもの
相続放棄	相続人が被相続人の権利や義務を一切受け継がないもの

相続人は、自己のために相続の開始があったことを知った時から3か月の熟慮期間内に、単純承認、限定承認又は相続放棄をしなければなりません（民915①）。

この熟慮期間の起算日である「自己のために相続の開始があったことを知った時」とは、①相続開始原因と、②自己が相続人であることの2つのことを知った時となります。

【自己のために相続の開始があったことを知った時】

①相続開始原因
②自己が相続人であること　　　いずれか片方でなく両方を知った時

　相続開始原因とは、被相続人の死亡又は失踪宣告を指します。自己が相続人であることを知った時というのは、先順位相続人の相続放棄・死亡を知った時ということになります。このような概念ですので、相続人が複数いる場合の「相続の開始があったことを知った時」は、それぞれの相続人ごとに異なることも少なくなく、別々の日となる場合もあります。

　また、この熟慮期間内に相続人が相続財産の状況を調査しても、なお、単純承認、限定承認又は相続放棄のいずれを選択するかを決定できない場合には、家庭裁判所は、申立てにより、この3か月の熟慮期間を伸長することができます。

2　相続税の申告期限

　相続税の申告書は、相続の開始があったことを知った日の翌日から10か月以内（申告書を提出しなければならない人が、この期間内に国内に住所及び居所を有しないこととなるときは、その住所及び居所を有しないこととなる日まで）に、納税地の所轄税務署長に提出しなければならないことになっています（相法27①）。この「相続の開始があったことを知った日」とは、「自己のために相続の開始があったことを知った日をいう」とされており、上記の熟慮期間の起算日である「自己のために相続の開始があったことを知った時」と同一の概念となります。

　また、相続税の申告書を提出しなければならない者がその提出期限までに申告書を提出しないで死亡した場合には、その提出義務を承継した相続人及び包括受遺者は、その相続の開始を知った日の翌日から10か月以内（その者がその期間内に国内に住所及び居所を有しないこととなるときは、その住所及び居所を有しないこととなる日まで）に、その死亡した人に代わって申告書の提出をしなければなりません（相法27②、相令6、相規14）。

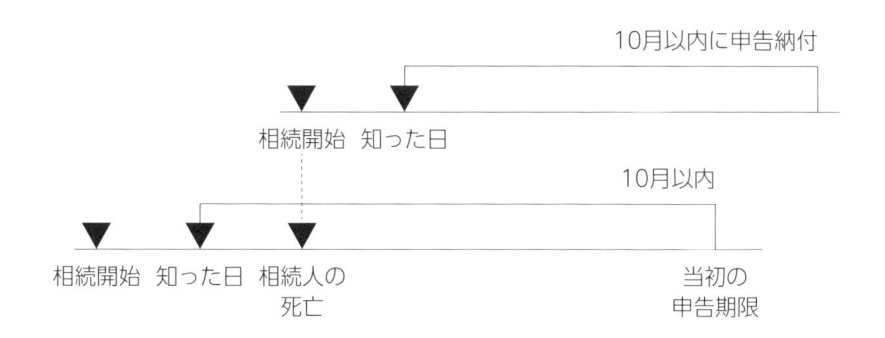

　さらに、相続財産法人の財産の分与を受けた人については、その分与を受けることを知った日の翌日から10か月以内に相続税の申告書を提出しなければなりません（相法29①）。

3　相続の開始があったことを知った日

　相続税法基本通達27-4（「相続の開始があったことを知った日」の意義）では、次のように相続開始原因別に相続の開始があったことを知った日を示しています。

① 　民法30条（失踪の宣告）及び31条（失踪の宣告の効力）の規定により失踪の宣告を受け死亡したものとみなされた者の相続人又は受遺者
　　……これらの者が当該失踪の宣告に関する審判の確定のあったことを

　　知った日

　　失踪宣言を受けた者は、普通失踪の場合には7年間の失踪期間の満
了の時に、危難失踪の場合には危難の去った時にそれぞれ死亡したも
のとみなされることから、これらの者がその失踪宣言のあったことを
知った日とされています。

　　ただし、相続税の財産取得の時期は、上記の期間満了の時又は危難
の去った時となります（相基通1の3・1の4共－8）。

②　相続開始後において当該相続に係る相続人となるべき者について民
　法30条の規定による失踪の宣告があり、その死亡したものとみなされ
　た日が当該相続開始前であることにより相続人となった者
　……その者が当該失踪の宣告に関する審判の確定のあったことを
　　　知った日

③　民法32条（失踪の宣告の取消し）1項の規定による失踪宣告の取消し
　があったことにより相続開始後において相続人となった者
　……その者が当該失踪の宣告の取消しに関する審判の確定のあったこ
　　　とを知った日

④　民法787条（認知の訴え）の規定による認知に関する裁判又は同法894
　条（推定相続人の廃除の取消し）2項の規定による相続人の廃除の取消
　しに関する裁判の確定により相続開始後において相続人となった者
　……その者が当該裁判の確定を知った日
　　相続の開始時には認知を受けていなかったため相続人でなかったも
　のがその後認知に関する裁判の確定により認知され相続人となった場
　合、又は相続の開始時には推定相続人の廃除を受けていたため相続権
　を失っていた者がいずれも裁判の確定により相続人となったものであ
　る場合の取扱いです（東京地判昭47.4.4・Z065-2892、仙台地判昭63.6.29・

Z164-6126)。

⑤　民法892条（推定相続人の廃除）又は893条（遺言による推定相続人の廃除）の規定による相続人の廃除に関する裁判の確定により相続開始後において相続人になった者

　……その者が当該裁判の確定を知った日

⑥　民法886条（相続に関する胎児の権利能力）の規定により、相続について既に生まれたものとみなされる胎児

　……法定代理人がその胎児の生まれたことを知った日

　　民法886条は１項に「胎児は、相続については、既に生まれたものとみなす。」とあり、２項に「前項の規定は、胎児が死体で生まれたときは、これを適用しない。」とあります。この規定の解釈については、「停止条件説」と「解除条件説」の学説がありますが、相続税法上の取扱いとしては、停止条件説をとり、その納税義務も出生により発生するものとして取り扱うこととされています。

⑦　相続開始の事実を知ることのできる弁識能力のない幼児等

　……法定代理人がその相続の開始のあったことを知った日（相続開始の時に法定代理人がないときは、後見人の選任された日）

⑧　遺贈（被相続人から相続人に対する遺贈を除きます。⑨において同じです）によって財産を取得した者

　……自己のためにその遺贈のあったことを知った日

　　被相続人の死亡の事実は知っていても、遺贈の事実を知らない限り相続税の申告をすることはなく、例えば遺言書が相続開始後相当期間を経て発見された場合には、その時初めて遺贈の事実を知ることになることから、この取扱いが設けられています。

⑨　停止条件付の遺贈によって財産を取得した者

　……その条件が成就した日

　停止条件付の遺贈の効果は、その条件が成就した時に生じる（民985②）ことからの取扱いです（相基通1の3・1の4共－9）。

　これらの場合においても、相続又は遺贈により取得した財産の相続税の課税価格に算入すべき価額は、相続開始の時における価額によります。

4　相続開始原因を知った日

❶ 一般的な場合

　死亡の日時は、死亡診断書、又は死体検案書により明らかにされますが、「知った日」は、相続開始原因である死亡を知った日についても、自分が相続人であることを知った日についても、相続人ごとに判定されます。ここではまず、死亡の日時の判断と相続開始原因を知った日について取り上げます。

　被相続人死亡の際、医師に死亡診断書、又は死体検案書を書いてもらい、これらと同一用紙となっている死亡届を、被相続人の死亡地・本籍地又は届出人の所在地の市役所、区役所又は町村役場に届け出ます（戸籍法86・87）。ここで、死亡診断書とは、診療中又は診療中であると予測される場合に作成されるものであり、死体検案書とは、それ以外の場合に作成されるものです。この手続きをするのは、必ずしも相続人等の親族でなくてよく、親族、同居者、家主、地主、家屋管理人、土地管理人、後見人、保佐人、補助人、任意後見人等が行います。

　死亡のときに立ち会っていない相続人については、実際に連絡を受けた時が知った日となりますが、立証可能性の問題から死亡診断書等の日時を代用することも多いようです。とはいえ、いわゆる孤独死の場合や

相続人自身に連絡が取れない場合等は、それぞれに知った日を考えることになります。

❷ 孤独死の場合

　兄弟姉妹相続が起きるような場合は、被相続人が独居のことも多く、自宅で亡くなられたようなときは、発見が遅れることも少なくありません。死亡日時を特定できない場合もあり、そのようなときには死体検案書の死亡日に〇日頃、〇月〇日から〇月〇日頃などと記載されます。死亡検案書と一対をなす死亡届出書も同様になりますので、戸籍や住民票にも、それと同じように記載されます。

　となると、死亡開始原因を知った日はいつなのかということになりますので、事件性のない通常の孤独死の場合に、親族等が死亡開始原因を知るまでの流れを見ていきます。

　孤独死の発覚は、最近顔を見ないなどの理由により訪ねてきた親族等が発見する場合と、一般の方、新聞配達員、郵便配達員、水道検針員等の通報による場合が多いようです。通報による場合は、警察官、住宅管理会社担当者等の立会いのもと解錠し、孤独死されていることが判明したときには現場検証が行われることになります。事件性の有無の判断のため家宅捜索が行われ、金品、預貯金通帳、印鑑等は一時没収となります。よく相続財産の確認の際に、手許現金の額が問題となったりしますが、このように家宅捜索が行われた場合には、警察から戻された現金の額をそのまま計上することとなります。

　警察は、孤独死された方の身元判明後、住民票・賃貸契約書などにより、その親族を調べ、血縁関係が濃い順番に連絡をしていきます。つまり、相続開始原因を知った日は、この連絡を受けた日より前になることはありません。

❸ 相続人が失踪した場合

　上記のように被相続人の異変に気づき、孤独死をしていることを発見する場合の他、親族等の者の異変に気づいたがその所在が知れないこともあります。つまり、親族等の者が失踪した場合ですが、①ある者について所在・生死が不明な状態が継続したまま、民法に定められる一定の期間（失踪期間という）が経過すること　②利害関係人の請求があることの2つの要件を満たすことにより、失踪宣告が行われます（民30・31）。

　失踪宣告により、不在者、生死不明の者（死体が確認できていない者など）を死亡したものとみなし、その者にかかわる法律関係がいったん確定されることになります（民31）。

　失踪宣告は、不在者等の法的な利害関係者が家庭裁判所に申し立てることにより、家庭裁判所が家事事件手続法に基づき家事審判によって行います（民30①・家事事件手続法39、別表第1第56項）。そして、上述のように、失踪の宣告に関する審判の確定を知った日が相続開始原因を知った日となります。

❹ 相続人同士が疎遠な場合

　兄弟姉妹相続となるような場合、被相続人と相続人との距離が遠いことも多く、また、すでに被相続人の兄弟姉妹が死亡しており、そのため代襲相続となるような場合は、被相続人や他の相続人と代襲相続人が甥姪の関係にあるので、相続人すべてに連絡することに時間がかかることも珍しくありません。相続人が海外にいる場合や所在不明の場合もあります。

　それぞれ、連絡が取れた日が相続開始原因を知った日となりますが、なかには他の相続人と連絡を絶っているような場合もあり、そのようなときは別の問題も出てきます（本章第2節**5**参照）。

5 自己が相続人であることを知った日

　兄弟姉妹相続が起こる原因としては、被相続人に配偶者や子又は孫がなく、親もすでに死亡していることが一般的だと思いますが、被相続人に債務があり、先順位の相続人がすべて相続放棄をしたことにより、被相続人の兄弟が相続人となる場合もあります。

　積極的に自分より上順位の相続人が相続放棄したかどうか、家庭裁判所にて相続放棄申述の有無についての照会をすることもありますが、上順位の相続人やその代理人から連絡があり、自らが相続人となったことを知る場合も多いようです。そのようなケースでは相続放棄を選択することがほとんどでしょうが、相続放棄を選択する熟慮期間の起算日も、あくまでも自己のために相続があったことを知った日、つまり相続人であるとの連絡を受けた日ですので、留意してください。

6 「相続の開始があったことを知った日」に関して問題となった事例

　「相続の開始があったことを知った日」に関して問題となった裁判例、裁決例は多数あります。

❶ 意思無能力者である相続人の納税義務

　意思無能力者について、上記のように相続の開始があったことを知った日は別に定められていますが、法定代理人又は相続開始後に選任される後見人のいない意思無能力者の相続税申告書の提出義務と所轄税務署長による税額の決定可能性に関して争いとなった事例があります。

●最判平18.7.14・判タ1222-156

　被相続人Aは、昭和62年9月8日に死亡し、その相続人は、Aの妻であるBと、AとBとの間の子（子の総数11名）であるC、D、E及び被上告人らでした。Bは、A死亡のころには、意思無能力であり、相続人らは、Aの遺産の分割について協議をしたが、協議の成立には至りませんでした。Cは、昭和63年3月、Aの遺産の相続に係る自らの相続税の申告をするとともに、Bに代わって、Bの相続税の申告をしました（以下、この申告を「本件申告」といいます）。本件申告によれば、課税価格は、相続人各人の合計が7億407万4,000円、Bの分が1億8,795万7,000円であり、相続税の総額は2億6,048万7,100円、Bの納付すべき税額は6,953万8,500円でした。Cは、本件申告に基づき、銀行からB名義で借り入れた金員をもって、同月8日、Bに代わって、Bの相続税6,953万8,500円を納付しました（以下、この納付を「本件納付」といいます）。被上告人らは、本件申告及び本件納付について同意したことはありませんでした。

　Bは、昭和63年9月28日に死亡し、その相続人は、前記Bの子ら11名です。Cは、平成5年7月1日に死亡し、Cの相続人である上告人は、Cの本件納付に係る債権を相続しました。そして、上告人が被上告人らに対し、主位的に、民法650条1項所定の委任契約に基づく費用償還請求として、予備的に、同法702条1項所定の事務管理に基づく費用償還請求として、本件納付に係る相続税6,953万8,500円（Aの意思無能力である妻Bの相続税額）の一部である6,953万円の11分の1に当たる632万909円ずつの支払等を求めたものです。

　控訴審では、意思無能力者に代わって相続税を申告し納付した者について、法定代理人又は相続開始後に選任される後見人のいない意思無能力者には相続税申告書の提出義務がなく、所轄税務署長による相続税法（平成4年法律16号による改正前のもの）35条2項1号に基づく税額の決定がされることもないとして、事務管理に基づく費用償還請求を棄却しました。しかし、最高裁は、次のように判断し、原審に差し戻しました。

　相続税法27条１は、相続又は遺贈により財産を取得した者について、納付すべき相続税額があるときに相続税の申告書の提出義務が発生することを前提として、その申告書の提出期限を「その相続の開始があったことを知った日の翌日から６月以内」と定めているものと解するのが相当である。上記の「その相続の開始があったことを知った日」とは、自己のために相続の開始があったことを知った日を意味し、意思無能力者については、法定代理人がその相続の開始のあったことを知った日がこれに当たり、相続開始の時に法定代理人がないときは後見人の選任された日がこれに当たると解すべきであるが（相続税法基本通達27-4（7）参照）、意思無能力者であっても、納付すべき相続税額がある以上、法定代理人又は後見人の有無にかかわらず、申告書の提出義務は発生しているというべきであって、法定代理人又は後見人がないときは、その期限が到来しないというにすぎない。

　また、相続税法35条２項１号は、同法27条１項又は２項に規定する事由に該当する場合において、当該相続の被相続人が死亡した日の翌日から６か月を経過したときは、税務署長はその申告書の提出期限前でも相続税額の決定をすることができる旨を定めている。これは、相続税の申告書の提出期限が上記のとおり相続人等の認識に基づいて定まり、税務署長がこれを知ることは容易でないにもかかわらず、上記提出期限の翌日から更正、決定等の期間制限（平成16年法律第14号による改正前の国税通則法70条）や徴収権の消滅時効（平成14年法律第79号による改正前の国税通則法72条１項）に係る期間が起算されることを考慮し、税の適正な徴収という観点から、国税通則法25条の特則として設けられたものである。

　このことに照らせば、相続税法35条２項１号は、申告書の提出期限とかかわりなく、被相続人が死亡した日の翌日から６か月を経過すれば税務署長は相続税額の決定をすることができる旨を定めたものと解すべきであり、同号は、意思無能力者に対しても適用されるというべきである。

　そうすると、本件申告時において、Ｂに相続税の申告書の提出義務が発生していなかったということはできず、昭和63年３月８日の経過後においてＢの相続税の申告書が提出されていなかった場合に、所轄税務署

長が相続税法35条2項1号に基づいてBの税額を決定することがなかったということもできない。したがって、本件申告に基づく本件納付がBの利益にかなうものではなかったということはできず、上告人の事務管理に基づく費用償還請求を直ちに否定することはできない。

　以上によれば、税務署長が税額を決定することがないことを前提とする原審の予備的請求に関する判断には、判決に影響を及ぼすことが明らかな法令の違反がある。論旨は理由があり、原判決の予備的請求に関する部分は、破棄を免れない。

　この判決は、相続税の申告期限到来前であっても、税務署長により税額の決定がされうることを示したものとなります。

❷ 遺贈について争いがある場合の「相続の開始があったことを知った日」

　被相続人の甥のみが相続人である事案において、その被相続人との死因贈与契約による受遺者との間でその契約等の効力について争いがある場合の相続税の申告期限について争いとなった事例があります。

> ●東京高判平27.8.6・Z265-12708、東京地判平27.2.27・Z265-12614
>
> 　納税者は平成21年1月25日に死亡した被相続人の甥であり、唯一の相続人です。平成22年3月23日、被相続人の従姉妹である丙が、平成20年4月23日に被相続人との間で被相続人が丙に対して被相続人の全ての財産を無償で与える旨の死因贈与の合意(以下「本件死因贈与契約」という)をしたとして、納税者に対し、相続財産である各不動産に係る所有権の移転の登記手続をすべきことを求める訴え(以下「別件訴訟」という)を東京地方裁判所に提起し、同訴えに係る訴状(以下「別件訴状」という)は、平成22年4月14日、納税者に送達されました。
>
> 　別件訴状には、ⅰ)本件被相続人が平成21年1月25日頃に死亡したこ

と、ⅱ）本件被相続人の相続人が納税者のみであること及びⅲ）本件被相続人の相続財産の内容が、それぞれ記載されるとともに、書証としてⅰ）及びⅱ）の各事実を示す戸籍関係書類が掲げられていました。納税者と丙は、平成23年12月6日、別件訴訟において、次のような条項を含む裁判上の和解（以下「本件和解」という）をしました。

> （ア）　丙と納税者は、本件死因贈与契約について、「預金目録」記載の預金のうち8500万円の範囲において有効に成立し、これを丙が取得することを確認する。
> （イ）　丙と納税者は、本件被相続人の財産のうち、前記（ア）記載の財産を除く一切の財産を納税者が相続することを確認する。

　これを受け、納税者は平成23年12月20日、本件相続税申告をしましたが、所轄税務署長は、平成24年1月31日、納税者に対し、無申告加算税の賦課決定処分をしたため争いとなりました。

　納税者は、遺留分を有しない相続人については、自己のために相続の開始があったことを知った日は、ⅰ）被相続人が死亡したことにより相続が開始したこと及びⅱ）自己が被相続人の相続人であることの双方を知った日に加え、ⅲ）具体的に遺産を相続すること（第三者への包括遺贈や包括死因贈与がないか、あるとしてもその効力が否定されること）を認識した日であることを要すると解すべきである旨主張しました。

　しかし判決では、本件においては、被相続人は平成21年1月25日頃に死亡し、被相続人の相続人は納税者のみであるところ、これらの事実が正確に記載されていた上、それを証する戸籍関係書類も掲げられた別件訴状が、平成22年4月14日に納税者に送達されているから、納税者は、別件訴状が納税者に送達された時に、被相続人が死亡したことにより本件相続が開始したこと及び納税者が被相続人の相続人であることをいずれも知ったものと認められ、したがって、同日に自己のために相続の開始があったことを知ったものと認めるのが相当であるとしました。

　さらに、相続財産に係る死因贈与契約等の効力について争いがある場合

には、相続税の申告書を提出する義務若しくは相続税を納付すべき義務が生じない旨の規定又は相続税の申告書の提出期限の起算日に変更が生ずる旨の規定は法令上見当たらない一方で、相続税の申告書を提出した後に生じた事由に基づく更正の請求を認める規定（相続税法32条、国税通則法23条2項）が置かれていることに照らすと、遺留分を有しない相続人について、そうではない相続人と異なった取扱いをすべき理由があるということはできないとし、また、国税通則法66条1項ただし書は、期限内申告書の提出がなかったことについて正当な理由があると認められる場合は無申告加算税を課さない旨を定めているところ、無申告加算税が課される趣旨に照らせば、この「正当な理由があると認められる」場合とは、真に納税者の責めに帰することのできない客観的な事情があり、無申告加算税の趣旨に照らしてもなお、納税者に無申告加算税を課することが不当又は酷になる場合をいうものと解するのが相当であり、単に法律の規定を知らなかったり、これを誤解していたりした場合は、この場合には当たらないというべきであるとして、納税者の主張を退けました。

　この事案は、係争中であることを以て、申告期限が変わることはないとしてものですが、誤解しやすいところでもあり、注意が必要です。

7　相続人ごとに知った日が異なることによる影響

　兄弟姉妹相続となるような場合は、被相続人と相続人との距離感、相続人相互間の距離感が大きいことから、相続税法基本通達27-4のようなケースでなくとも、相続人ごとに「知った日」が異なることも珍しくありません。そのことについての一番大きな影響は、相続税の申告です。相続税の申告は単独申告を原則としていながら、実務では共同相続人全員で1組の相続税の申告書を共同提出することになります（相法27①・⑤）。

　そもそも、相続税の計算では、まず、相続人ごとに計算した課税価格の合計額を算出し、そこから基礎控除額を控除した課税遺産総額につい

て、これらの人が法定相続分で遺産を取得したとして計算した相続税額の合計額をまず計算します。これを、実際に相続人らが取得した財産の価額で按分して各人ごとの調整を加えたものが、各人が納める相続税額となるのです。つまり、相続税額の合計額を算出するまでは、共同相続人間で同様な計算をするわけですので、共同相続人がまとめて計算して、ともに提出したほうが都合がよいということになるのです。

　しかし、各人ごとに「知った日」が異なるのならば、申告期限も各人ごとに異なります。共同提出するのであれば、最初に自己のために相続があったことを知った人の「知った日」にあわせて、申告する日を考える必要があります。

　その一方、疎遠となっていた相続人と他の相続人の申告期限間近になって連絡がとれたなどの場合には、その相続人とにわかに申告書を共同提出することが難しいことになるときがあります。このようなケースでは、まずは、他の相続人だけで、その申告期限までに申告書を提出することが必要であり、あとから連絡が取れた相続人との話し合い等により、当初申告内容が異なることとなったときは、修正申告又は更正の請求により対応することとなります。

相続人の確定

1 戸籍収集の範囲

　相続が発生したときには、誰が法定相続人であるかを客観的資料で確認する必要があり、これにより相続人が確定されます。よく、相続が発生した場合には、被相続人の出生から死亡までの戸籍謄本が必要といいますが、それは、この確定作業を行うために用いるのです。

　多くの場合は、法定相続人は、被相続人の配偶者と子となります。したがって、出生から死亡までの戸籍があれば、そこに被相続人の婚姻の履歴、子の存在、認知の事実等が記載されていますので、法定相続人となるであろう者が分かります。次に、これらの者の現在の戸籍謄本を確認し、全員が相続開始時に存命であったならば、これで法定相続人の確定作業が完了します。したがって、法定相続人の戸籍謄本は常に必要となります。

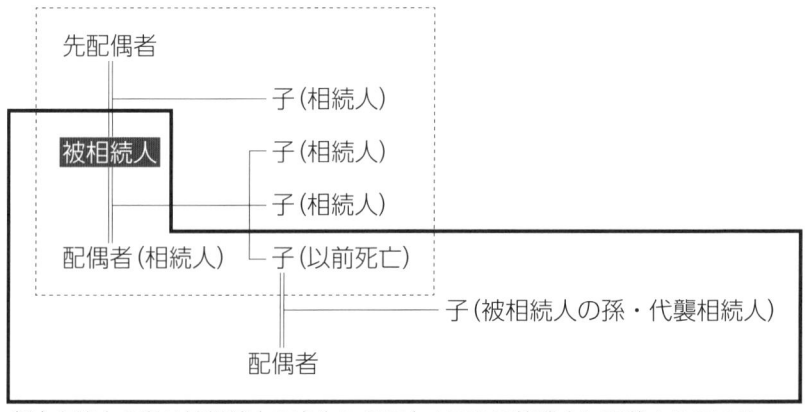

(注) 点線内の者は被相続人の出生から死亡までの戸籍謄本に記載されている。
　　太線内の者は以前死亡した子の出生から死亡までの戸籍謄本に記載されている。

　しかし、子のなかに、被相続人が死亡する以前に死亡した者（これを「以前死亡」といいます）がいる場合には、その者の子が代襲相続人となることから、以前死亡した子の出生から死亡までの戸籍謄本も必要となります。

　子がおらず、子の代襲相続人もいない場合は被相続人の親が、親が全て以前死亡している場合は、その親、つまり両祖父母が相続人となりますから、親の戸籍謄本も必要となります。

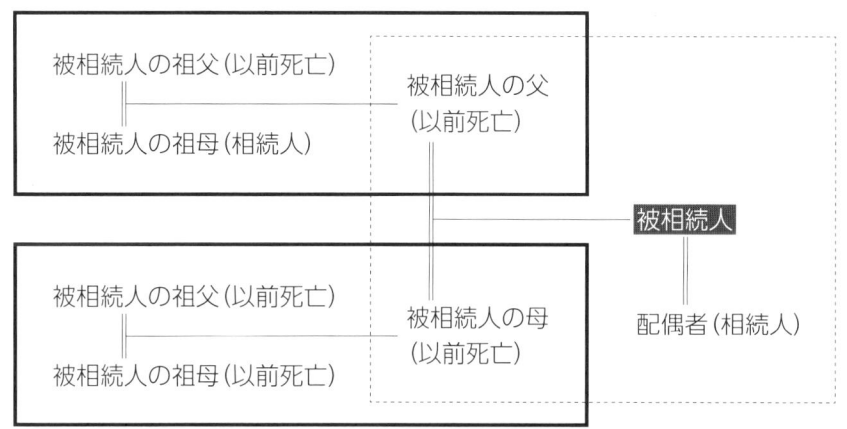

（注）点線内の者は被相続人の出生から死亡までの戸籍謄本に記載されている。
　　　太線内の者は被相続人の父母の戸籍謄本に記載されている。

　子がおらず、すべての直系尊属が相続開始以前に死亡している場合は、被相続人の兄弟姉妹、つまり、被相続人の親の子が相続人となりますので、すべての親の出生から死亡までの戸籍謄本が必要となります。兄弟姉妹のなかに、以前死亡した者がいる場合には、その者の子が代襲相続人となることから、以前死亡した兄弟姉妹の出生から死亡までの戸籍謄本も必要となります。

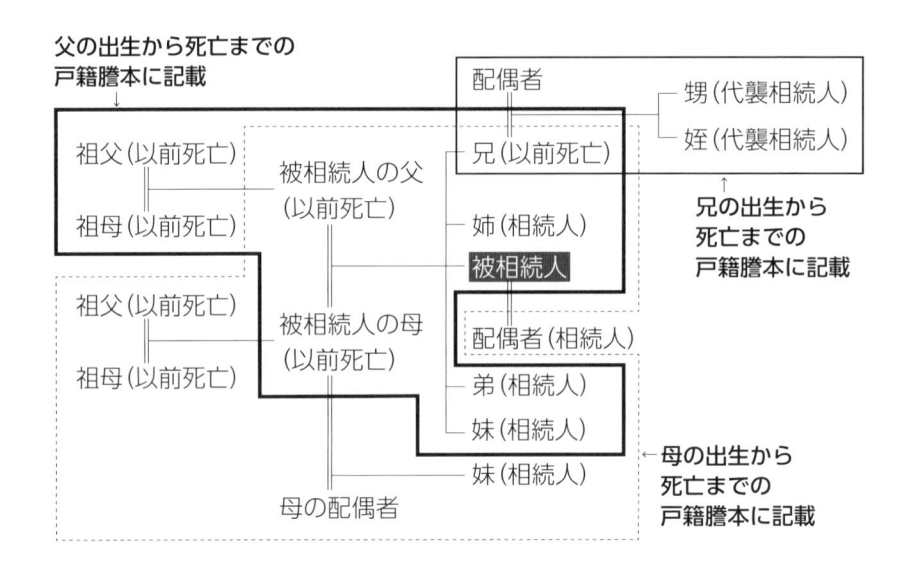

　つまり、兄弟姉妹が相続人になる場合は、次の事項を確認することとなります。

- ・被相続人に相続人となる子供がいないこと
  ……被相続人の出生から死亡までの戸籍謄本で確認
- ・被相続人の直系尊属が亡くなっていること
  ……被相続人の両親の出生から死亡までの戸籍謄本で確認
- ・被相続人と兄弟姉妹の関係
  ……被相続人の両親の出生から死亡までの戸籍謄本で確認
- ・被相続人の兄弟姉妹の生死
  ……被相続人の兄弟姉妹の戸籍謄本で確認
- ・以前死亡の兄弟姉妹の子の確認
  ……以前死亡の兄弟姉妹の出生から死亡までの戸籍謄本で確認

　出生から死亡までの戸籍謄本は通常何部にもまたがっています。その原因には、次のようなものがあります。

1．婚姻により親の戸籍を出て新たに戸籍を作ったこと

2．住所を移動したことにより本籍地も移動したこと

3．戸籍法の改正により戸籍を作り変えたこと

　3．により戸籍を作り変えた場合、従前の戸籍を改製原戸籍といいます。戸籍は過去に2回、大きな様式変更がありました。そのうち昭和32年法務省令27号による改製前の戸籍を昭和原戸籍、平成6年法務省令51号による改正前の戸籍を平成原戸籍といいます。

昭和原戸籍：昭和32年法務省令27号による改製前の戸籍です。改製により、それまでの戸主を中心とした戸籍（戸主とその両親や兄弟、子供で編成されており、3代戸籍が可能）が、夫婦とその未婚の子供を単位とした戸籍（2代戸籍のみ）に改められました。

平成原戸籍：平成6年法務省令51号による改製前の戸籍です。改製により、それまでの紙で調製され保管されていた戸籍が、コンピュータ処理してもいいことになり、法務大臣の指定を受けた市町村で順次、コンピュータ化（電算化）作業がされました。

現在戸籍：今現在の戸籍です。一般的には、上記の平成6年法務省令51号に基づく改製後の戸籍を指します。

2　代襲相続と数次相続

❶ 代襲相続

　前述のように、被相続人の子は相続人となりますが、被相続人が亡くなるよりも前に相続人が死亡している場合や、欠格若しくは廃除によって相続権を失ったときは、その相続人の子がこれを代襲して相続人となります（民887②）。

　ここでいう「欠格」とは、相続において特定の相続人につき民法891条に規定される不正な事由（相続欠格事由）が認められる場合に、その者の相続権を失わせる制度であり、「廃除」とは、被相続人が、民法892条の定めるところにより相続権を持つ人間に著しい非行の事実がある場合に、家庭裁判所に「推定相続人廃除審判申立て」をすることにより推定相続人の持っている遺留分を含む相続権を剥奪する制度です。

　また、代襲者が、相続の開始以前に死亡し、又は欠格若しくは廃除によって相続権を失ったときは、その代襲者の子がこれを代襲して相続人となります（民887③）。つまり、子が相続人となる場合は、どこまでも再代襲するのです。

　また、先順位の法定相続人がすべておらず、兄弟姉妹が相続人となる場合についても、相続が発生するよりも前に相続人が死亡している場合や、欠格若しくは廃除によって相続権を失ったときは、その相続人の子がこれを代襲して相続人となります（民889①）。しかし、兄弟姉妹の代襲者が以前死亡等した場合には、再代襲しません（民889②）。つまり、被相続人の甥姪までは代襲相続しますが、甥姪の子には代襲しないのです。

　その理由として、甥姪の子となると、通常親戚づきあいもなく、相続制度の根拠である生活保障の観点からは問題があること、また、相続関係者が広範囲になると代襲相続人の存否・所在を把握するのが容易ではなく、その結果遺産分割が長期化し、相続人に不利益で遺産の活用も妨げるからとされています（法務省民事局参事官室編『新しい相続制度の解説』（金融財政事情研究会、1980）。

兄弟姉妹相続と代襲相続

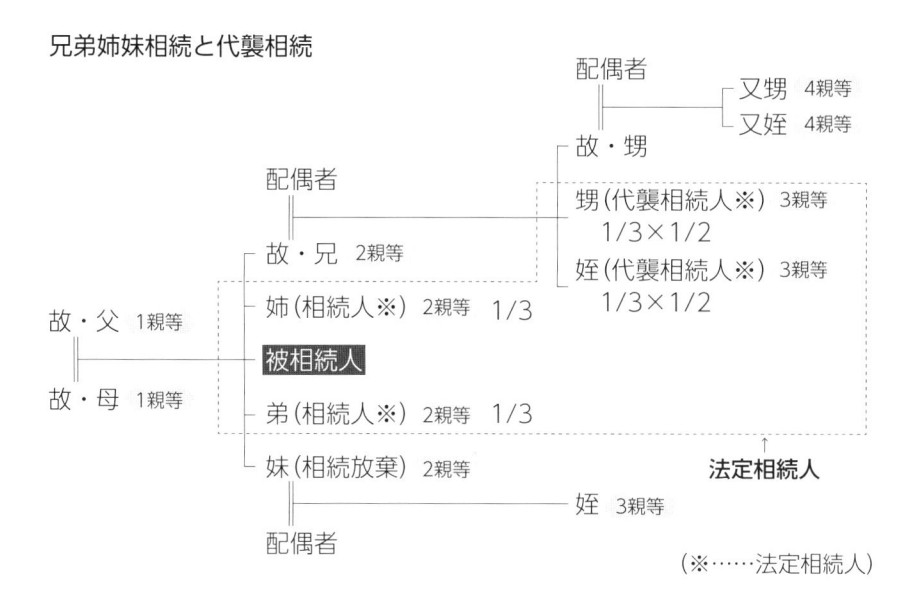

（※……法定相続人）

❷ 数次相続

　代襲相続では代襲者の配偶者は相続人とはならないし、兄弟姉妹相続では代襲者の子が相続人になることはありません。しかし、被相続人の死亡後、遺産分割協議成立前に被相続人の法定相続人に相続が発生するケースがあります。これを数次相続といいます。

　甥又は姪が相続人となる相続についての遺産分割協議がまとまる前に、さらにその甥・姪に相続が発生したことで数次相続となった場合、1つ目の相続については亡くなった相続人である甥又は姪に代わってその相続人である甥又は姪の法定相続人全員が遺産分割協議の当事者となります。遺産分割協議書にも、相続人である故・甥又は姪については「相続人兼被相続人」として記載され、代襲相続の場合と異なり、故・甥又は姪の相続人が「故・甥又は姪（実名記載）相続人」として署名・捺印することとなります。

　故・甥又は姪の相続人が遺産分割協議に参加したとしても、あくまで相続財産を取得したのは故・甥又は姪となり、故・甥又は姪の相続人が

　1つ目の相続について相続財産を取得するには、2つめの相続、つまり、故・甥又は姪についての遺産分割協議を成立させてからということになります。

　兄弟姉妹相続の場合、被相続人と相続人が同世代であることから、代襲相続となる場合や数次相続が発生する場合も多く見かけます。

兄弟姉妹相続と数次相続

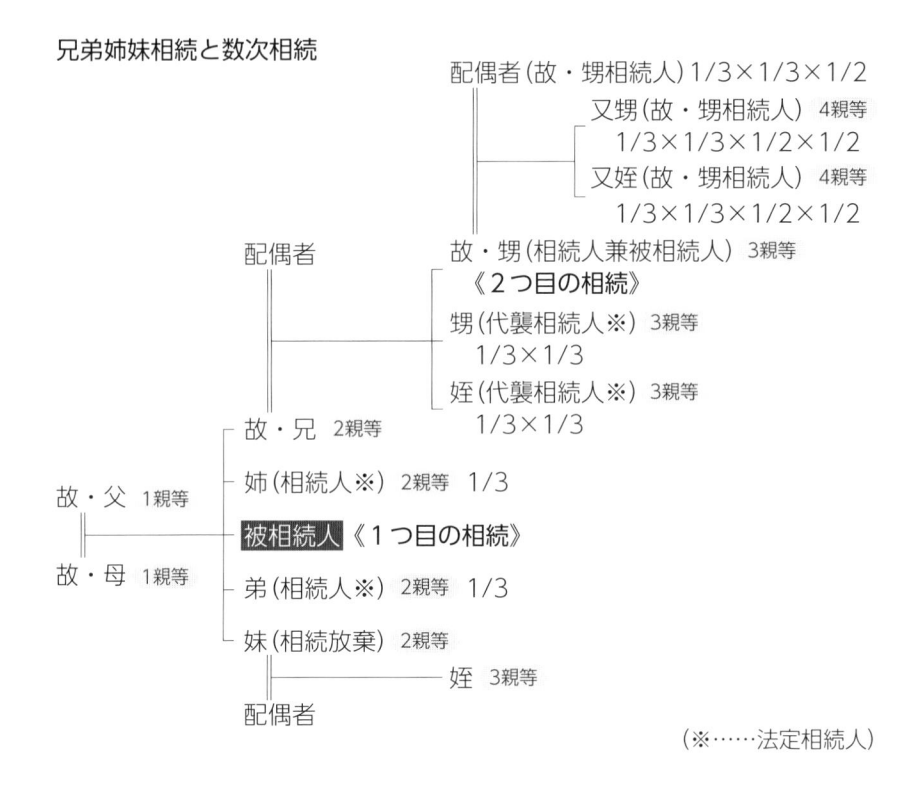

（※……法定相続人）

3　養子、二重身分

　上記のように被相続人の甥姪が相続人となるような場合で、本来相続人となる甥姪がその相続開始前に死亡しており、さらにその配偶者も既に亡くなっているようなケースがありました。遺された甥姪の子（又甥又

姪）は年少であるなどの理由で、又甥又姪からみれば大伯父母又は大叔父母の養子となっていました。このケースではもし養父母（披相続人の兄弟姉妹に該当）が以前死亡していた場合、養子である又甥又姪は代襲相続人になります。

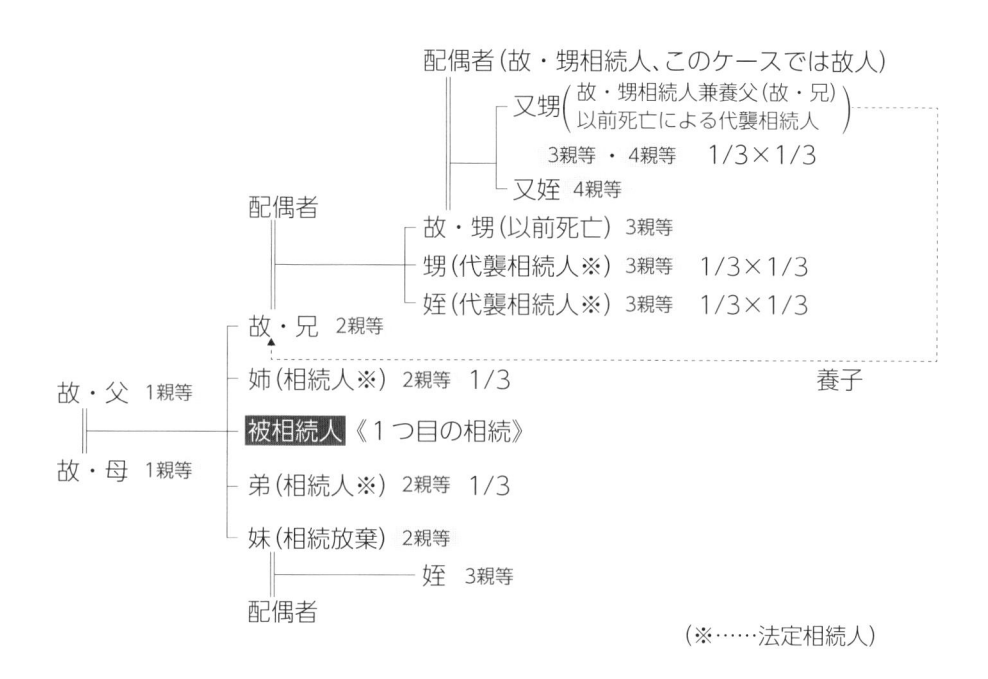

（※……法定相続人）

4　法定相続分と遺留分

❶ 法定相続分・遺留分とは

　民法では、相続人が数人いる場合に、各共同相続人はその相続分に応じて被相続人の権利義務を承継するとしています（民898・899）。そして、遺言がない場合に、各相続人が受け継げる相続分が法定相続分です（民900）。

　一方、被相続人は相続財産を自由に処分することができ、推定相続人の相続への期待は権利として保障されないというのが原則的考え方です。遺言では、法定相続分にこだわる必要はありません。

　もっとも、相続が相続人の生活保障の意義を有することや、被相続人名義の財産には相続人の潜在的持分が含まれていることが多く、これを顕在化させる必要があることなどから、相続財産の一定割合については、法定相続人には相続財産に対する権利が認められるとしており、これが強行規定である「遺留分」です。

相　続　人		法定相続分	遺留分
配偶者のみ	配偶者	1	1／2
配偶者と子	配偶者 子	1／2 1／2	1／4 1／4
子のみ	子	1	1／2
配偶者と直系尊属	配偶者 直系尊属	2／3 1／3	1／3 1／6
直系尊属のみ	直系尊属	1	1／3
配偶者と兄弟姉妹	配偶者 兄弟姉妹	3／4 1／4	1／2 なし
兄弟姉妹のみ	兄弟姉妹	1	なし

　遺留分の性質がそのようなものであることから、被相続人の配偶者や子、そして、親については遺留分権が認められますし、子だけでなく孫やひ孫などの代襲相続人にも遺留分権は認められます（民1028・1044・887②③・901）。遺留分は法定相続分の2分の1とされています（相続人が直系尊属のみの場合は3分の1）。

❷ 兄弟姉妹相続の場合

　その一方、被相続人の兄弟姉妹については遺留分権が認められていません。それは、民法において兄弟姉妹の扶養義務が定められていたとし

ても、現実には兄弟姉妹を扶養するケースはそんなには多くないこと、兄弟姉妹が被相続人の財産形成に寄与している部分はあまりないと考えられることによります。したがって、被相続人が生前、遺言により推定法定相続人となる兄弟姉妹について、相続財産を与えないという意思を表明した場合、その兄弟姉妹についての相続分は保障されないということです。

このように、遺留分はあくまでも、被相続人の死後の財産処分権に対抗するものです。共同相続人間で遺産分割協議をする際には、遺留分がどれだけあるとか、遺留分がないとかいうことは関係ない話です。共同相続人間で遺産分割する際に基本となるのは、法定分割という概念であり、民法で「このように財産を分けるのが一番よい」と決めている分け方です。法定分割で分けたそれぞれの法定相続人の取り分を法定相続分といいます。

もちろん、必ず法定相続分で遺産の分割をしなければならないわけではありません。しかし、法定相続分は、相続税額を求めるときや、相続人同士の話し合いで合意しない場合の法律上の目安となるものです。つまり、兄弟姉妹相続において基本となるのは、あくまでも法定相続分となります。

5　相続人のなかに不明者がいる場合

被相続人の兄弟姉妹が相続人となるような場合は、相続人同士の関係が希薄な場合も多く、なかには音信不通者がいるようなケースも少なくありません。被相続人に配偶者がいないときは、遺言書が遺されている場合は稀でしょうから、被相続人の遺産の行く先を決めるためには、遺産分割協議が必須です。つまり、音信不通を解消する必要がありますが、なかにはいわゆる行方不明となっている場合もあります。

❶ 現在の連絡先が不明な場合

　相続人の確定のため、被相続人の両親の出生から死亡までの戸籍謄本とともに、相続人の現在の戸籍謄本を取る必要があります。不明者についても、その転籍先を辿り、現在の本籍地を確認し、戸籍の附票を取得します。戸籍の附票には現在の住民票の所在地が記載されていますので、それにより、連絡を取ることができます。

　もっとも、兄弟姉妹からの連絡を無視することもありますから、そのような場合には弁護士等を介して、話し合いを進める方法もあります。

❷ 生死を含め不明となっている場合

⑴　不在者財産管理人の選任

　住所地となっているところに、不明者が居住しておらず、その後の足取りが掴めないような場合には、利害関係者が不在者の従来の住所地又は居所地の家庭裁判所に申し立てすることにより、不在者財産管理人を選任してもらう方法があります。不在者財産管理人は、不在者の財産を管理、保存するほか、家庭裁判所の権限外行為許可を得た上で、不在者に代わって、遺産分割、不動産の売却等を行うことができます。

　不在者財産管理人選任の申立をする際は、申立書に、不在者の戸籍謄本（全部事項証明書）、不在者の戸籍附票、財産管理人候補者の住民票又は戸籍附票、不在の事実を証する資料、不在者の財産に関する資料等の他、申立人の利害関係を証する資料を添付して、収入印紙800円分と連絡用の郵便切手とともに提出する必要があります。さらに、申立てにあたっては、不在者財産管理人選任にかかる管理費用を、家庭裁判所に予納します。この費用は事案によっても異なりますが、弁護士などが管理人となる場合は、予納金は30万円〜50万円程度となるといわれています。

　財産管理人が選定されたとしても、財産管理人は、民法103条（権限の定めのない代理人の権限）に定められた行為、つまり、保存行為、及び、代理の目的である物又は権利の性質を変えない範囲内において、その利

用又は改良を目的とする行為を行う権限を持っていますが、遺産分割協議をしたり、不在者の財産を処分する行為は、財産管理人の権限を超えていますので、このような行為が必要な場合は、別に家庭裁判所の許可が必要となります。

　不在者財産管理人の参加による遺産分割協議では、不在者の権利を守るため、不在者については法定相続分による財産の取得が基本となり、裁判所は、不在者の法定相続分を下回るような財産しか取得しないような内容の遺産分割協議案に対して、原則として許可をしないこととなります。

　もっとも、相続財産が多くない場合には、不在者には法定相続分を下回る相続分しか相続させず、他の相続人が不在者のために法定相続分以上のお金を預かり、不在者が戻ってきた場合には、不在者に対して、預っておいたお金を支払うという「帰来時弁済型の遺産分割」という方法が利用されます。お金を預かる相続人は、家庭裁判所に対して資力が十分あるということを証明する必要があります。

(2)　失踪宣言

　音信不通になってから何年も経過している、行方がわかっていない理由が災害によるものが考えられる、といった場合は「失踪宣告」という方法もあります。

　不在者について、その生死が7年間明らかでないとき（普通失踪）、又は戦争、船舶の沈没、震災などの死亡の原因となる危難に遭遇しその危難が去った後その生死が1年間明らかでないとき（危難失踪）は、家庭裁判所は、利害関係者の申立てにより、失踪宣告をすることができます。

　失踪宣告とは、生死不明の者に対して、法律上死亡したものとみなす効果を生じさせる制度です。失踪宣告の申立をする際にも、申立書に、不在者の戸籍謄本（全部事項証明書）、不在者の戸籍附票、失踪を証する資料等の他、申立人の利害関係を証する資料を添付して、収入印紙800円

分と連絡用の郵便切手とともに提出する必要があります。

　この申立がされた場合、申立人や不在者の親族などに対し家庭裁判所調査官による調査が行われた後、裁判所が定めた期間内（3か月以上。危難失踪の場合は1か月以上）に、不在者は生存の届出をするように、不在者の生存を知っている人はその届出をするように官報や裁判所の掲示板で催告をして、その期間内に届出などがなかったときに失踪の宣告がされます。

　失踪宣告がされた場合、不在者の生死が不明になってから7年間が満了したとき（危難失踪の場合は、危難が去ったとき）に死亡したものとみなされ、不在者（失踪者）についての相続が開始されます。申立人には戸籍法による届出義務がありますので、審判が確定してから10日以内に、市区町村役場に失踪の届出をしなければなりません。

　失踪宣告の場合は、7年又は1年の期間満了時に死亡したとみなされるため、もともとの被相続人との相続関係としては、相続開始後の死亡となる場合の他、相続開始以前の死亡となる可能性もあります。

第3節 相続人の問題

1 被相続人に配偶者がいる場合

　被相続人に配偶者がいる場合は、配偶者と共に築いてきた財産であるということや配偶者の生活保障等の観点から、配偶者に財産を遺したいという希望が多いように思われます。先に述べましたように、遺言がない場合、被相続人の兄弟姉妹や以前死亡の場合の甥姪までも、法定相続分を有することから、遺言を書いておくことが重要といわれています。

　その反面、被相続人名義の財産に先祖伝来受け継いできたものがある場合や、被相続人が一代で多額の財をなした場合は、配偶者に財産がわたることにより、他家へ財産が流出してしまうと考えることもあるようです。つまり、配偶者に財産がわたること自体は問題ないのだが、配偶者の死後、最初の被相続人の財産が他家に渡ってしまうということが問題になるということです。

　その場合は、遺言書を書くとしても、先祖伝来の財産は、自分の死後は本家に戻るような遺言内容とするか、夫婦が連携した内容の遺言書で、配偶者の死後は本家に戻るような内容とする、あるいは跡継ぎ遺贈型信託や負担付き遺贈を用いるなどして、遺された配偶者の生活の保障を図りつつ、財産の他家への流出を防ぐ方法を取ることとなります。

2 被相続人に配偶者がいない場合

　被相続人に配偶者がいない場合、相続手続きを誰が中心となって行うのかという問題がでてきます。

　配偶者がいない場合は、遺産は兄弟姉妹間で平等に分けられることとなります。遺産が現預金や上場有価証券だけならばいいのですが、不動産などの分けづらい遺産について、誰が取得するのかという問題があります。

　遺産分割をまとめ、相続手続きを完了させるには、かなりの労力を要します。それらのことを誰が中心となって行うのかということは大きな問題となります。

　その一方、相続人のすべてが兄弟姉妹であることから、ある意味、棚ぼた的なものであるため、遺産が金融資産などの分けやすいものであるときは、法定相続分ですんなり分割できることも多いようです。

3　相続人のなかに破産者がいる場合

　兄弟姉妹相続となる場合は、相続人が多くなることから、なかには破産者、債務超過となっている者がいる場合も少なからず見受けられます。そのような場合は遺産分割協議は慎重に進めなければなりません。というのは、その相続人は遺産に対して持ち分を有することになるので、その持ち分を侵害することは債権者の権利を侵害することに繋がると考えられるからです。

　最高裁平成11年6月11日判決は、遺産分割協議が詐害行為*として取消を求められた事案についてのものです。

　*　詐害行為とは、破産処理に際して破産者である債務者が故意に自己の財産を減少させ、債権者が正当な弁済を受けられないようにする行為を指します。

> ●最判平11.6.11・民集第53巻5号898頁・
> 裁判所ホームページ 最高裁判所判例集・Z999-5169
> 　昭和54年2月24日、父に相続が発生し、母と2人の子が相続人となっていました。この2人の子がこの事案の上告人となります。相続財産に

は建物がありましたが、遺産分割は未了のままになっていました。母は知人が信用金庫から借り受けた300万円の債務について、平成5年10月29日に連帯保証していたところ、知人がその債務の支払を遅滞しました。債権者である信用金庫は、平成7年10月11日、母に対し、連帯保証債務の履行及び相続財産である建物についての相続を原因とする所有権移転登記手続をするよう求めました。

　母と2人の子は、その建物について、平成8年1月5日ころ、母はその持分を取得しないものとし、子らは持分2分の1ずつの割合で所有権を取得する旨の遺産分割協議を成立させ、その旨の所有権移転登記を行いました。さらに、平成8年3月21日、母は自己破産の申立てをしました。そこで、被上告人となる信用金庫は、遺産分割協議を詐害行為であるとして取り消し、相続財産である建物の持分6分の1＊について母に所有権移転登記手続をすることを求めたものです。

＊　連帯債務の負担割合は通説によれば連帯債務者間で平等であり、原審判決（横浜地裁横須賀支部.平9.5.13）では持分各3分の1について所有権移転登記手続をせよとされたが、控訴審（東京高裁.平10.1.22）では請求の減縮がされた。

　最高裁は、遺産分割協議は、相続の開始によって共同相続人の共有となった相続財産について、その全部又は一部を、各相続人の単独所有とし、又は新たな共有関係に移行させることによって、相続財産の帰属を確定させるものであり、その性質上、財産権を目的とする法律行為であるということができるとし、共同相続人の間で成立した遺産分割協議は、詐害行為取消権行使の対象となり得るものと解するのが相当であるとしました。そして、本件のような事実関係の下で、被上告人は本件遺産分割協議を詐害行為として取り消すことができるとした原審の判断は、正当として是認することができるとして、信用金庫側の主張を認めました。

　このように、遺産分割協議は詐害行為取消権の対象となる法律行為とされています。

　さらに、租税債権に関しても、遺産分割協議が第二次納税義務の対象

である「処分」であると認められた事例があります（最判平21.12.10）。

　被相続人の相続において、相続人らは、配偶者（滞納者）が遺産の1割を、長男が6割を取得する遺産分割協議を成立させました。

　原処分庁は法定相続分2割5分を遥かに超える遺産を取得した長男に対し、第二次納税義務に基づき、納税を求めました。

　最高裁は、①そもそも遺産分割協議は、相続の開始によって共同相続人の共有になった相続財産について、その全部又は一部を、各相続人の単独所有とし、又は新たな共有関係に移行させることによって、相続財産の帰属を確定させるものであり、その性質上、財産権を目的とする法律行為であると解されること、②滞納者を含む共同相続人の間で成立した遺産分割協議が、（事実のように）滞納者である相続人にその相続分に満たない財産を取得させ、他の相続人にその相続分を超える財産を取得させるものであるときは、本件協議は「第三者に利益を与える処分」に当たり得ることと解するとし、納税者の主張を斥けました。

　このように、相続人に破産者等がいる場合、遺産分割協議でその者に財産を与えないこととしたならば、詐害行為等とされることがあります。しかし、その相続人が放棄するか、遺言により財産を与えないならば、詐害行為の対象とはなりません。

　なぜならば、相続放棄をすれば、もともと相続人にならないということですから、最初から財産を取得することはないからです。また、遺言により財産を与えない場合も、財産を移転させる行為が生じようがないので、それを取り消すこともできないということになります。さらに、債権者代位権（民423）を行使して、債権者が債務者に代わって遺留分減殺請求を行うことはできません（最判平13.11.22）。

遺産の全容の把握

1 財産調査義務と税法上の取扱い

　誰が相続人であるかという相続人の調査とともに、やらなければいけないのが相続財産及び債務の調査です。申告した相続財産が実際の財産より少ない場合、正当な理由がある場合を除き過少申告加算税が課されます。この「正当な理由」というのが、どのようなものを示すか、次のような裁判例があります。

> ●東京地判平27.10.30・Z265-12749、東京高判平28.6.7・Z266-12865
> 　納税者は、亡父を被相続人とする相続について相続税の申告をした後、税務署の調査担当者から相続財産として含める財産が過少である旨の指摘を受け、相続税の修正申告をしましたが、原処分庁から過少申告加算税の賦課決定処分を受けました。納税者は、共同相続人（丁）から相続財産の調査を妨害されるなどしたため相続財産を知り得ず、そのような中でも可能な限り調査を行って申告したのであって、過少申告であったことについて国税通則法65条《過少申告加算税》4項の「正当な理由」があると主張して、賦課決定処分の取消しを求めました。
> 　裁判所は、過少申告加算税の趣旨に照らせば、過少申告があっても例外的に過少申告加算税が課されない場合として国税通則法65条4項が定めた「正当な理由があると認められる」場合とは、真に納税者の責めに帰することのできない客観的な事情があり、過少申告加算税の趣旨に照らしてもなお納税者に過少申告加算税を賦課することが不当又は酷になる場合をいうものと解するのが相当であることを確認し、次のように述べました。

　被相続人宅の金庫内に、修正申告により相続財産に含めた財産、評価額合計２億798万8,914円に関する書面が実在したどうかはともかく、納税者においては、金庫内に保管されていた多数の通帳等の中には、Ｄ銀行及びＨ銀行からの各通知書以外にも、相続財産の判明につながるものが存在する可能性があることを容易に推測できたということができ、また、納税者は、被相続人が同人及び妻の預貯金等を管理していたことを認識していたことなどから、相続財産につき、当初申告時までに判明した預金等（Ｄ銀行及びＨ銀行の合計１億2,000万円余の預金等）を含む財産のほかにはないものと判断することは必ずしも合理的であるとはいえず、納税者において、それを超える財産が存在する可能性を推測できたということができ、さらに、納税者と丁とは、その代理人弁護士らを通じて、被相続人の遺産分割等に関して協議あるいは照会及び回答をするなどしており、全く連絡が不能な状態にあったとはいえない。また、納税者は、代理人弁護士らに依頼するなどして、明示的に相続財産の開示を求めたり、遺産分割の調停や審判を家庭裁判所に申し立てるなど一定の手続を踏み、相続財産の内容を把握する試みをしたりすることができたが、そのようなことが行われたことを認めるに足りる証拠はない。他方、納税者は、被相続人宅に立ち入ることを拒否されていたとはいえ、それ以上に、丁が納税者による相続財産の内容の調査を妨げる行為に出たという形跡はうかがわれない。そうすると、丁の非協力的な態度につき、これを本件各財産が存在することを納税者が本件当初申告の段階で把握できなかったことの主たる原因であると評価することは困難である。

　そして、本件各財産のうち、一部については、納税者が金融機関及び証券会社に照会をすることなく、当初申告において相続財産に含めなかったことについては、その調査が不足していたことに起因するものであることが明らかであり、その余の預貯金又は財産については、それを取り扱っていた金融機関は、いずれも著名な金融機関であり、Ｆ駅又は被相続人宅周辺に支店又は本店を有するものであるところ、上記の状況の下において、相続財産の調査のために、Ｆ駅周辺及び被相続人宅周辺に店舗のある金融機関に照会をすることを求めたとしても、必ずしも納税者に不当又

は酷であるということはできないというべきである。

　裁判所は、以上、認定判断したところにより、被相続人の遺産の規模に関する予測可能性、本件各財産についての調査可能性等に照らすと、納税者が主張する各事情を考慮したとしても、納税者が、当初申告において、本件各財産を相続財産に含めずに税額を算定し、過少申告であったことにつき、真に納税者の責めに帰することのできない客観的な事情があるとは認められず、納税者に過少申告加算税を賦課することが不当又は酷であるということはできないので、国税通則法65条４項にいう「正当な理由」があるということはできないとして、納税者の訴えを退けました。

　この裁判例を見ると、税法における遺産調査義務について、裁判所はかなり厳しい基準をもって対処していることが伺われます。

2　預貯金や証券口座の調査

　兄弟姉妹相続の場合、被相続人が生前どの金融機関と付き合いがあったのか、よくわからないことが少なくありません。しかし、1で取り上げた裁判例でみるように、よく分からなかったでは済まされないのが現実です。

　どのように財産調査をするかについては、概ね次の手順により行います。

① 　通帳等の確認
② 　自宅に郵送される郵便物の確認
③ 　金融機関名の入ったカレンダーやノベルティの確認
④ 　自宅や勤務先近くの金融機関への照合
⑤ 　貸金庫の有無及び中身の確認

　被相続人名義の預貯金については、相続人がその権限で金融機関に開

示請求することができます。これは、最高裁平成21年1月22日判決を根拠とするものです。

●最判平21.1.22・裁判所ホームページ 最高裁判所判例集

　この事案は、被相続人Ｃの共同相続人の一人である相続人Ａが、Ｊ信用金庫に対して、相続人の立場で被相続人Ｃの預金に関して契約関係にあるとして、信義則に基づき、当該口座の取引経過明細を開示するべきであると訴えたものです。Ａは、Ｊ信用金庫におけるＣ名義の預金口座の取引経過明細が不明であり、Ｃの遺産総額について同人の所有する不動産もこれに加わることを考慮すると、相続税の申告納付義務が発生する額であるかどうかも不明であるとの事情を斟酌すべきと主張しました。1審では、預金者の共同相続人であるＡが、Ｊ信用金庫に対し上記開示を強制することができると解すべき法律上の根拠はないから、Ａの請求は失当であるとして、その請求を棄却しましたが、2審では、Ａの請求が認められました。Ｊ信用金庫はそれを不服として、上告したものです。

　最高裁では、次のように判断し、Ａの主張を認めました。

　預金契約は、預金者が金融機関に金銭の保管を委託し、金融機関は預金者に同種、同額の金銭を返還する義務を負うことを内容とするものであるから、消費寄託の性質を有するものである。しかし、預金契約に基づいて金融機関の処理すべき事務には、預金の返還だけでなく、振込入金の受入れ、各種料金の自動支払、利息の入金、定期預金の自動継続処理等、委任事務ないし準委任事務(以下「委任事務等」という)の性質を有するものも多く含まれている。委任契約や準委任契約においては、受任者は委任者の求めに応じて委任事務等の処理の状況を報告すべき義務を負うが(民法645条、656条)、これは、委任者にとって、委任事務等の処理状況を正確に把握するとともに、受任者の事務処理の適切さについて判断するためには、受任者から適宜上記報告を受けることが必要不可欠であるためと解される。このことは預金契約において金融機関が処理すべき事務についても同様であり、預金口座の取引経過は、預金契約に基づく金融機関の事務

処理を反映したものであるから、預金者にとって、その開示を受けることが、預金の増減とその原因等について正確に把握するとともに、金融機関の事務処理の適切さについて判断するために必要不可欠であるということができる。

したがって、金融機関は、預金契約に基づき、預金者の求めに応じて預金口座の取引経過を開示すべき義務を負うと解するのが相当である。

そして、預金者が死亡した場合、その共同相続人の一人は、預金債権の一部を相続により取得するにとどまるが、これとは別に、共同相続人全員に帰属する預金契約上の地位に基づき、被相続人名義の預金口座についてその取引経過の開示を求める権利を単独で行使することができる（同法264条、252条ただし書）というべきであり、他の共同相続人全員の同意がないことは上記権利行使を妨げる理由となるものではない。

上告人は、共同相続人の一人に被相続人名義の預金口座の取引経過を開示することが預金者のプライバシーを侵害し、金融機関の守秘義務に違反すると主張するが、開示の相手方が共同相続人にとどまる限り、そのような問題が生ずる余地はないというべきである。なお、開示請求の態様、開示を求める対象ないし範囲等によっては、預金口座の取引経過の開示請求が権利の濫用に当たり許されない場合があると考えられるが、被上告人の本訴請求について権利の濫用に当たるような事情はうかがわれない。

以上のとおりであるから、被上告人の請求を認容した原審の判断は、結論において是認することができる。論旨は採用することができない。

これにより、相続開始当時取引のある金融機関等については、相続人は相続開始時の預金残高のみならず、生前の取引履歴についても開示請求することができることになります。

しかし、開示される期間は10年までであることが普通であり、それ以前の取引については保管されていないなどの事情で開示されないことが多いようです。また、金融機関に取引履歴の開示請求をする場合には、対象の金融機関を特定する必要があり、例えば、「○○銀行○○支店」な

ど特定の金融機関を訪ねて、その店舗での取引履歴を調べることになりますが、他の支店での取引があるかないかについても、問い合わせた店舗にて教えてくれることが多いようです。

　相続開始時に取引のない金融機関については、取引履歴の開示を認めるものとそうでないものが分かれています。ゆうちょ銀行については、年月日を特定して申請をすると、その時点での通常貯金や定期預金の残高の開示を受けられます。ゆうちょ銀行には振込依頼書などの写しが保管されているので、それらも開示してもらえます。

　余談ですが、ゆうちょ銀行では証書形式の定額預金があり、相続開始後に特定の相続人がその解約を行ったにも関わらず、相続税の申告では相続財産に含めていなかったような場合には、その後の税務調査の際に、手書きの文字が入ってこの振込依頼書を証拠として突きつけられて、相続財産を隠蔽したことを認めることになるというようなことがあります。

　また、被相続人が株や債券などの証券取引をしていた場合、相続人が証券会社に対して取引履歴の開示を請求すると、取引の開示を受けることができます。この場合も、開示期間は10年までであることが普通です。

　いずれの場合も、相続人が自分の身分を示すことが必要ですので、依頼者が相続人であることがわかる戸籍謄本と身分証明書を提示しなければなりません。身分証明書については、写真入りが原則ですので、写真入りのものがない場合は、複数の証明書を用意した方がよさそうです。

３　固定資産の調査

　固定資産については、市区町村により違いはあるものの、概ね毎年４月中旬ごろ固定資産税・都市計画税課税明細書が送られてきますので、自宅以外の不動産があったとしても、それによりその存在が判明します。調査する時期とこの送付時期とが離れている場合は、自宅に郵送される郵便物や金庫、貸金庫などにより、不動産の有無を調査することになり

ます。

　特定の市区町村に不動産があることが判明したならば、被相続人のすべての土地・建物について、名寄せ帳を請求します。そして、それに基づき評価証明書を請求することになりますが、固定資産税が非課税とされている土地等については、比準価額の記載をするよう、あわせて依頼することが必要です。その際、宅地としての比準価額とすべきか、雑種地としての比準価額とすべきか、その時点では不明な場合は、両方とも請求することになります。共有不動産についても、この手続きで判明することになります。

　これらの手続きにより判明した不動産について、登記所にて全部事項証明書を取得するか、ウェブ上の登記情報サービス（（一財）民事法務協会提供　www1.touki.or.jp/）により登記情報を取得します。

4　本人作成の遺言書の有無

　公正証書遺言については、昭和64年1月1日以後、公証人は公正証書で遺言をされた嘱託人の氏名、生年月日、遺言公正証書作成年月日等（遺言の内容は含みません）を、公証人連合会に報告し、連合会では、これらの情報をデータベース化して、全国の公証人が利用できるようにしています。そのため、どこの公証人役場にでも、「遺言検索システム」による検索を依頼して、被相続人の遺言の存否、その保管場所となっている公証人役場を知ることができます。

　ただし、この請求は、遺言者生前中は遺言者本人、遺言者死亡後も、法定相続人、受遺者・遺言執行者など利害関係人のみしかできません。また、上述のように遺言の内容までを知ることはできません。照会依頼をした相続人等は、公正証書遺言が存在する旨の回答を受けた後、必要に応じて、公正証書遺言が現実に保管されている公証人役場に対して、遺言書の謄本の交付を請求することができることとなります。

　また、自筆証書遺言についても、民法相続法の改正（平30.7.13公布）＊により、法務局で保管する制度が創設され、被相続人の死亡後、自筆証書遺言の照会や閲覧の請求が可能となります。

> ＊　施行日は原則として公布の日から1年以内とされます（遺言書の方式緩和については2019年1月13日から施行、配偶者の居住の権利については公布の日から2年以内に施行予定）。なお、遺言書の保管制度に関しては民法改正と同時に「法務局における遺言書の保管等に関する法律」が成立しており、平成30年7月13日公布、公布の日から2年以内に施行予定となっています。

5　負債の調査

　遺産調査の際には、マイナスの遺産である負債についての調査も必要です。負債については、次のような手順で調査します。

① 　保管書類、郵便物などの確認
② 　自宅が賃貸住宅の場合は家賃、借地の場合は地代の滞納の有無
③ 　固定資産税、住民税等、健康保険料の滞納の有無
④ 　施設利用料の滞納の有無
⑤ 　金融機関等の残高証明書の取得
⑥ 　金融機関の取引履歴による確認
⑦ 　個人信用情報の開示請求

　基本的に滞納、未払金及び借入金があると見られる機関に対して照会するわけですが、不明な債務については、通帳の出金記録等より当たりを付けます。また、相続人からの照会ならば、個人信用情報機関から情報の開示を受けることができます。

　個人信用情報機関は銀行系である一般社団法人全国銀行協会、クレジットカード会社系である株式会社シー・アイ・シー、消費者金融系である株式会社日本信用情報機構の3つがあり、必要に応じてそれぞれに開示請求を行うこととなります。

6　遺言執行者による調査

　遺言が遺留分権利者の遺留分を侵害するようなものである場合、遺留分権利者である相続人から、相続財産目録の交付の要求の後で、遺言執行者に対し、財産目録に載っている以外の財産の調査を要求する場合があります。

　そもそも兄弟姉妹が相続人となった場合、相続人には遺留分がありませんので、遺言執行者へ財産の調査を要求することはできません。また、そもそも、「遺言執行者とは、遺言が効力を生じた後にその内容を実現するのに必要な事務を執行すべき者」で、「遺留分権利者である相続人が遺留分減殺をするために相続財産の全容を知る必要のあることは理解できるが、それは困難な作業であるにしても、遺留分減殺請求権を行使する相続人自身が調査して、立証すべきものである。本件遺言の趣旨と逆の立場にある申立人が、遺言の執行と関係のないことを遺言執行者に求め、これをしないからといって任務違背とすることはできないもの」（平7.10.3 名古屋家裁審判）とされているため、遺言執行者を使っての財産調査は考えられないようです。

7　成年後見人が付いていた場合

　被相続人が認知症などの場合では、成年後見人が付いていたケースもあります。

　成年後見人は成年後見人選任の審判が確定したのち、1か月以内に被後見人の財産を調査して「財産目録」を家庭裁判所に提出します。これは、成年後見人が被後見人の財産の管理を行うため、被後見人の財産を把握する必要があるためです。

　被後見人に相続が発生した場合、成年後見人は、まずは死亡診断書の写し又は死亡の記載のある戸籍謄本を添付して、家庭裁判所に報告を行

います。また、専門職後見人の場合には、後見の清算を行う過程で、家庭裁判所に後見人の報酬付与の申立てを行います。

被後見人に財産の引渡しを行うのはその後になります。

相続人は、成年後見人より引き渡される財産の明細や預金通帳、保険証書などの引渡しを受けます。成年後見人は被後見人の財産のすべてを管理していたはずですので、この引き渡された財産の明細を参考に、残高証明書の取得や保険金の請求などを行うことになります。

8　弁護士会照会制度による場合

相続財産の調査について、公的機関により強制調査ができないものかと思うことがあるかもしれません。最強の相続財産の調査といわれるものに弁護士会照会制度があります。

弁護士会照会とは、弁護士法23条照会のことで、弁護士が各種の機関や個人などに対して、照会による調査をする手続きのことです。弁護士会照会で、被相続人名義の預貯金や株の口座等の取引履歴を調べることができます。

弁護士法23条の2とは、「弁護士は、受任している事件について、所属弁護士会に対し、公務所又は公私の団体に照会して必要な事項の報告を求めることを申し出ることができる。申出があった場合において、当該弁護士会は、その申出が適当でないと認めるときは、これを拒絶することができる。」というものです。弁護士会照会を行おうとする弁護士は、自分が所属する弁護士会に「照会申出書」（質問事項と申請の理由を記載したもの）を提出します。そして、弁護士会で厳しい審査が行われ許可された案件に対して、弁護士会会長名で各種機関に対して照会を行います。

兄弟姉妹相続の例で、生前被相続人の身の回りの世話をしていた人が、実は被相続人の財産を使い込んでいたとの疑いが生じたことがありました。

弁護士会照会では、遺産について、他人の使い込みが疑われる場合や生命保険契約の有無、内容を確認したい場合などで利用されるようです。

9　裁判所を利用する方法

裁判所から金融機関に嘱託調査をしてもらう方法があります。これは、遺産確認訴訟や使い込みなどでの不当利得返還請求訴訟等で行われるものです。

そのほかにも、金融機関に依頼しても任意で取引履歴の開示を受けられない場合に、裁判所に仮処分を申し立てると金融機関から開示を受けることができます。

遺産分割協議

1 通常の場合

相続開始により相続人は相続開始の時から、被相続人の財産に属した一切の権利義務を承継します（民896）。そして、相続人が複数人であるときは、相続財産は、その共有に属します（民898）。このままでは共有関係にありますので、共同相続人の協議により、遺産の分割をするのです（民907）。

相続財産の評価は、相続税の申告上は、相続開始時の評価額となりますが、民法的、あるいは、共同相続人の心情的には、遺産分割協議成立時の時価となります。また、相続税については、小規模宅地等の減額特例の適用もあります。分割協議時の時価で考えて分割する場合には、相続税の負担により相続人間で不公平感が生じることのないように、代償金の支払いにより調整を行うことにします。

民法上は、遺産分割は、いつでも行うことができ、やり直しも認められます。しかし、相続税の申告は、相続開始から10か月以内ですし、相続税の申告や相続財産の譲渡などで、第三者との関係で一度効力が確定した遺産分割について、やり直しを行った場合、贈与税の課税関係が生じることとなります（相基通19の2-8）。

遺産の分割は、共同相続人の協議により決定することが原則ですが、協議が成立しないときは、家庭裁判所に分割を請求することができます（民907②）。

相続税の申告では、未分割の場合には適用できない特例があります。

① 配偶者の税額軽減（相法19の2③）

② 　小規模宅地等の減額特例（措法69の 4 ）

③ 　特定計画山林についての相続税の課税価格の計算の特例（同69の 5 ）

④ 　特定事業用資産についての相続税の課税価格の計算の特例（所得税法等の一部を改正する法律（平成21年法律第13号）による改正前の租税特別措置法69条の 5 第 1 項）

⑤ 　農地等や山林についての相続税の納税猶予及び免除等（措法70の 6 ・70の 6 の 4 ）

⑥ 　非上場株式等についての相続税の納税猶予及び免除（同70の 7 の 2 ）

　これらの特例を受ける場合には、相続税の申告書に遺産分割協議書を添付しなければなりません。ただし、上記①〜④の特例を受ける場合は、その旨を記載した文書を相続税の申告書に添付して提出することにより、実際に分割したときに、これらの特例が受けられることになります。

　この見込書を提出したにもかかわらず、申告期限後 3 年を経過する日までに分割が整わなかった場合には、申告期限後 3 年を経過する日の翌日から 2 か月を経過する日までに、遺産が未分割であることについてやむを得ない事由がある旨の承認申請書を更に提出することになります。

2 　未成年者、認知症等

❶ 未成年者

　遺産分割は法律行為ですので、法律行為ができない者は行うことができません。具体的には、共同相続人のなかに未成年者、成年被後見人、被保佐人、被補助人のほか、認知症の人がいる場合に問題となります。

　未成年者については、法定代理人（親権者または未成年後見人。一般的には親）の同意があって、初めて完全に有効な法律行為を行うことができ

ます（民5①）。

　兄弟姉妹相続の場合は、甥姪や年の離れた弟妹が未成年の場合が考えられ、未成年後見人も未成年者もともに相続人となることもあります。その場合は、利益相反関係にありますので、未成年後見人等は、その子のために特別代理人を選任することを家庭裁判所に請求しなければならないとされています（民826）。

❷ 認知症等

　相続人の中に認知症の人がいる場合にも、同様の問題が生じます。その人に成年後見人がいない場合は、新たに成年後見人を選任する必要があります。成年後見人には親族後見人と専門職後見人がいますが、同じ相続における共同相続人の人は利益相反となりますので、ここでは避けることとなります。

　成年後見人を選任するためには、被成年後見人の住所地を管轄している家庭裁判所に、後見開始申立書、申立書付票、後見人等候補者身上書、親族関係図、本人の財産目録（遺産分割協議の対象財産を含む）、本人の収支予定表、診断書（正常な判断能力に欠けているとわかるもの）、本人の現在戸籍謄本と住民票もしくは附票、候補者の住民票もしくは附票、本人が成年後見等の登記がまだされていない証明書等を添えて申し立てます。この成年後見人は、遺産分割をするために選任したとしても、遺産分割協議終了後に後見解除するためには、後見開始の原因が消滅、つまり回復する必要がありますので注意が必要です。

　相続人にすでに成年後見人がついており、相続の際、その成年後見人と利益相反が生じる場合があります。その場合の解決策は3つあります。

　1つめは、その成年後見人がその相続について相続放棄をすることです。その場合は、成年後見人は被後見人のためだけに遺産分割協議に参加することとなり、利益相反行為は生じません。

　2つめは、後見監督人を選任することです。後見監督人（保佐監督人・

補助監督人）がいる場合は、監督人は、「後見人又はその代表する者と被後見人との利益が相反する行為について被後見人を代表する」とされています。そこで、例えば本人と後見人が共同相続人となった場合は、後見人は自分自身の相続人としての立場で、後見監督人が本人の代理人の立場で、後見人と後見監督人が遺産分割協議を行うことになります。

　3つめは、追加で後見人を選任することです。複数後見として、遺産分割協議に関することは、追加した後見人に権限を分掌することができれば、利益相反関係は生じません。例えば、複数後見で、親族後見人が身上監護、専門職後見人を担当する権限分掌となっていれば、仮に本人と親族後見人が共同相続人になったとしても、遺産分割協議は専門職後見人が本人を代理しますので、親族後見人は自分自身の相続人としての立場で遺産分割協議に臨めばよいことになります。

❸ 記名押印

　ところで、そのような場合に、相続税の申告書には、どのように記名押印すべきか、迷うことがあります。選定した特別代理人が記名し、押印することとなるのでしょうか。

　結論から言うと、意思能力がないと思われる者（学校に上がる前の幼児など）を除き、本人が記名押印をすればいいということとなります。なぜならば、申告書の提出自体は、一般に法律行為とはされていないのです。したがって、民法5条の制約は受けないこととなります。ただし、意思能力がないと思われる者については、代理人が行うということになります。これは利益相反とは関係がありませんので、親権者等が記名押印して構わないということになります。

　判断能力が欠けている相続人が1人でもいた場合、遺産分割協議自体が進められなくなります。その人を無視して遺産分割協議を進めた場合、遺産分割協議自体が無効となりますので注意する必要があります。

3　はんこ代

　兄弟姉妹相続の場合は、相続人との関係が遠いときも多く、特に共同相続人に兄弟姉妹と甥姪がいる場合に、甥姪に対しては、いわゆる「はんこ代」の支払で遺産分割が終了することも多いようです。

　はんこ代の支払は、代償分割として処理することにより、相続によって行われたものとして取り扱うことができます。したがって、遺産分割協議書にも、「相続人Ａは遺産の多くを取得した代償として相続人Ｂに対して現金100万円を○年○月○日までに支払うこととする。」のように記載します。甥姪ははんこ代、兄弟姉妹は相続財産を均等に分けるというような場合であっても、兄弟姉妹のはんこ代の負担額は明確になるように記述する必要があります。はんこ代について、遺産分割協議書に記載がない場合は、贈与税の課税関係が生じることとなります。

　はんこ代を取得する甥姪等については、もともと他の相続人との関係が疎遠なことが多いのですから、相続税についても負担がないようにするほうが無難です。甥姪の心情的な面もありますが、甥姪が相続税の支払いを無視したならば、他の相続人に連帯納付義務が生じることもあります。

　甥姪に係る相続税についても他の相続人が支払うこととし、その支払額も代償金に上乗せさせるようにすると、すべて相続のなかで解決することとなりますので、処理的にはすっきりします。もっとも、甥姪の相続税が贈与税の基礎控除以下であり、その年において、甥姪が他に贈与を受けることがないのであれば、その相続税を単純に他の相続人が支払い、その額相当額は贈与として処理することも考えられます。

4　遺産分割協議書の形式

　遺産分割協議書は、相続人のすべてが、1つの分割協議書に署名し、実印で押印することにします。遺産をまったく取得しなかった相続人についても例外ではありません。

　遺産分割協議書は相続税の申告書に添付する他、不動産登記等にも用いますので、次のような注意点があります。

① 　被相続人の氏名のほか、本籍、最後の住所、生年月日、死亡年月日を記載して相続人を特定します。

② 　相続人についても、相続人の全員の氏名の他、各人の本籍、住所、生年月日、被相続人との続柄を記載して相続人を特定します。ただし、相続関係図にて、これらの情報を記載している場合には、印鑑証明書に記載されているものと同一の住所と氏名の記載だけで足ります。

③ 　不動産の表示は、登記簿に記載されているとおりに記載します。つまり、所在、地番、地目、地積、家屋番号、構造、床面積等を記載します。区分所有建物については、特に登記簿に記載されているままに記載することに留意して下さい。

④ 　株式、公社債、預貯金等についても、銘柄、株数、金額、金融機関名及び支店名、証券番号、口座番号等を記載します。

⑤ 　自動車は登録番号、車名、形式、車台番号等、宝石や貴金属は品名、製造者、型番、素材、サイズ、色等、金地金についてはブランド名、品位、重量、地金番号等を記載して特定させます。

⑥ 　各相続人は、氏名を自署し、実印で押印します。

⑦ 　協議書が複数ページになる場合は契印（割り印）が必要です。

　相続人がそれぞれ遠方に居住し、一堂に会して署名押印することが難しい場合は、遺産分割協議書を郵送などで持ち回り署名押印する方法の

他、各々遺産分割協議証明書を作成する方法があります。この方法だと、持ち回りによる時間がかかることや紛失の危険を回避することができます。

　遺産分割協議証明書では、本文部分では遺産分割協議書を同じことをそれぞれ記載します。そして、「次のように遺産分割協議したことに相違ないことを証明します」として、年月日の記載及び署名押印を行います。遺産分割協議証明書による場合は署名押印部分がそれぞれの相続人になるだけの同じ文書が相続人の人数分あるということになります。そして、すべての相続人の遺産分割協議証明書を１組として、諸手続きに用いることになります。

相続財産の寄附

1 遺贈等による場合

　相続財産を被相続人の遺志により寄附する方法として、遺言書により
その旨を記載する方法、寄附を受ける団体等に生前に遺産を贈与する旨
契約しておく方法があります。

　被相続人はこれら2つの手段を使うことで、寄付先の施設・団体に寄
付ができます。そして条件を満たせば、相続税の特例を適用できる可能
性があります。

2 相続人が行う場合

　被相続人から相続を引き受けた相続人は、その相続財産を寄附するこ
ともできます。これは相続による遺産でも遺贈による遺産でもどちらで
も可能です。兄弟姉妹相続の場合は、あまり期待しない財産を取得する
こととなるため、それならば、一部又は全部を公共のために寄附したい
とされる場合があります。

　ただし、相続人が相続財産を寄付する場合に税制特例を受けたいので
あれば、申告期限までにその寄附の手続きを終えなければなりません。
そして、これらの手続きを終えたうえで、申告書に、寄附をした財産の
明細書等を添付する必要があります。

3　相続財産を寄附する場合の相続税の非課税特例

　相続財産を寄附した場合に相続税の非課税特例を受けるためには、租税特別措置法等に定める要件を満たす必要があります。

① 　国、地方公共団体又は特定の公益を目的とする事業を行う特定の法人などに寄附した場合の特例

　この特例を受けるには、次の要件すべてに当てはまることが必要です（措法70①）。

　　ア　寄附した財産は、相続や遺贈によって取得した財産であること。
　　　　相続や遺贈で取得したとみなされる生命保険金や退職手当金も含まれます（措通70-1-5）。
　　イ　相続財産を相続税の申告書の提出期限までに寄附すること。
　　ウ　寄附した先が国や地方公共団体又は教育や科学の振興などに貢献することが著しいと認められる特定の公益を目的とする事業を行う特定の法人（「特定の公益法人」*といいます）であること。

　　　＊　特定の公益法人の範囲は独立行政法人や社会福祉法人などに限定されており、寄附の時点で既に設立されているものでなければなりません。例えば、公益財団法人セーブ・ザ・チルドレン、認定NPO法人ワールド・ビジョン・ジャパン、公益財団法人日本ユニセフ協会、日本赤十字社などは特定の公益法人に該当します。

② 　相続や遺贈によって取得した金銭を特定の公益信託の信託財産とするために支出をした場合の特例

　この特例を受けるためには、次の要件すべてに当てはまることが必要です（措法70③）。

ア　支出した金銭は相続や遺贈で取得したものであること。

　　相続や遺贈で取得したとみなされる生命保険金や退職手当金も含まれます。

イ　その金銭を相続税の申告書の提出期限までに支出すること。

ウ　その公益信託が教育や科学の振興などに貢献することが著しいと認められる一定のものであること。

③　特例の適用除外

次の場合はこれらの特例が適用できません（措法70①・②・④）。

ア　寄附を受けた日から2年を経過した日までに特定の公益法人又は特定の公益信託に該当しなくなった場合や特定の公益法人がその財産を公益を目的とする事業の用に使っていない場合。

イ　寄附又は支出した人あるいは寄附又は支出した人の親族などの相続税又は贈与税の負担が結果的に不当に減少することとなった場合

　　例えば、財産を寄附した人又は寄附した人の親族などが、寄附を受けた特定の公益法人などを利用して特別の利益を受けている場合は、これに該当することになります。

そのほかにも、相続財産を一度換金して寄附するような場合は、相続財産を寄附したことにはなりませんので注意が必要です（措法70⑤）。

④　特例の適用手続

相続税の申告書に寄附又は支出した財産の明細書（相続税の申告書の第14表）や一定の証明書類を添付することが必要です（措法70⑤）。

4　相続財産を寄附する場合の譲渡所得税の非課税特例

　個人が法人に財産を寄附したときは、その財産を時価で譲渡したものとみなされて譲渡所得が課税されます。法人に対する遺贈もこの規定の対象です（所法59①）。

　しかし、個人が法人に財産を寄附した場合でも譲渡所得が課税されない場合があり、次の場合には課税されません。

① 　国や地方公共団体に対して財産を寄附した場合
　　この場合は、特に要件はなく何らの手続きも必要ありません。

② 　公益を目的とする事業を行う法人（以下「公益法人」といいます）に対して財産を寄附した場合で、一定の要件に該当することについて国税庁長官の承認を受けたとき
　　この場合は、寄附をした財産が寄附をした日から2年以内にその公益法人の公益を目的とする事業の用に直接使われるなど一定の要件に該当することについて、国税庁長官の承認を受けるための申請書（必要な書類の添付があるものに限ります）を財産の寄附があった日から4か月以内又は寄附した年分の確定申告期限のいずれか早い日までに納税地の所轄税務署長を経由して国税庁長官に提出する必要があります。
　　なお、寄附をした日から2年以内にその公益法人の公益を目的とする事業の用に直接使われなかった場合や、いったんその公益法人の公益を目的とする事業の用に直接使われたもののその後にその公益法人の公益を目的とする事業の用に直接使うのをやめた場合などは、国税庁長官の承認が取り消され、財産を寄附した者又は財産の寄附を受けた公益法人に所得税がかかります。

1 相続費用の立替

　民法885条では、相続財産の保存・管理に必要な費用などの相続財産に関する費用について、「相続財産に関する費用は、その財産の中から支弁する。」と規定されています。しかし、単純承認の場合、相続人は、相続開始の時から、被相続人の財産に属した一切の権利義務を承継し、また、遺産の分割は、相続開始の時にさかのぼってその効力を生ずるため、相続財産は、各相続人固有の財産となり相続財産に関する費用を支弁するための相続財産がなくなります（民896・909）。

　そこで、相続財産に関する費用は、被相続人が負っていた債務ではありませんが、相続財産が負担する債務という意味で相続債務の一種であると考え、相続人の1人が管理費用を立て替えた場合などは、その費用債務（立替金の求償債務）は相続債務として、法定相続分に応じて各相続人が負担します。ただし、相続人の過失による管理費の支出などに関しては、その相続人の負担になります。

　また、民法885条2項の「前項の費用は、遺留分権利者が贈与の減殺によって得た財産をもって支弁することを要しない。」という規定により、遺留分権利者を保護する目的から、贈与の減殺によって得た財産からは、相続に関する費用を支弁する負担は負わないとされています。

　相続財産に関する費用としては、固定資産税や火災保険料、相続不動産の保存登記費用等遺産の保存の為に必要な費用、修繕費などの有益費、果実収取のための必要経費、鑑定、換価、弁済、その他清算に必要な費用、財産目録調整の費用、管理清算のための訴訟費用などがあります。

　その中でも相続税・葬式費用については、判例や学説が分かれていますが、相続税については、相続財産の取得に関する課税であるから、相続財産を取得した相続人個人が負担するべきであるとされており、葬式費用については、喪主が負担すべきであるといわれています。

　実務では、相続費用を特定の相続人固有の財産から拠出する場合の他、被相続人の特定の口座から支出する場合も多いようです。被相続人の特定の口座から支出する場合は、結果としてその口座を承継した相続人がその費用を負担したことになります。相続費用を負担する相続人については、分割取得する相続財産を多くするとか、代償分割を用いて調整するとかして、過度に不平等にならないよう工夫することが多いようです。

2　納税資金

　相続税については、相続財産を取得した相続人個人が負担するべきであるとしても、相続税には連帯納付義務があり、現金の持ち合わせのない相続人に相続税の納付書を渡したとしても、滞納される危険があります。

　相続税の連帯納付義務は、同一の被相続人から相続又は遺贈により財産を取得したすべての者は、その相続又は遺贈により取得した財産に係る相続税について、その相続又は遺贈により受けた利益の価額に相当する金額を限度として、互いに連帯納付の責めに任ずるとするものです（相法34①）。ただし、ⅰ）申告期限から5年を経過した場合に、他の相続人が相続税の支払いができなくなった場合、ⅱ）納税義務者が延納又は納税猶予の適用を受けた場合については、他の相続人は連帯納付義務を免れます。

　連帯納付を求められる人は、自身の納付すべき相続税を完納しているかどうかを問われません。また、連帯納付義務は補充性を有しないのであって、連帯納付義務者は第二次納税義務等のように本来の納税義務者

に滞納処分を執行しても徴収すべき額に不足すると認められる場合に限って納付義務を負担するというものでもありません。

　このような事態にならないために、代償分割などを利用して、納税資金は別に用意することが大切です。

1 債務の承継と民法

❶ 相続における債務の承継についての考え方

　相続においては債務の承継も大きな問題となります。租税債務を含む金銭債務や所有権引渡義務が承継の対象となりますが、雇用契約上の労働提供債務（民625②）などは、一身専属権となるため、承継の対象とはなりません。また、継続的な売買取引、銀行取引等から生じる不特定の債務保証である信用保証、不動産賃貸借契約における保証人、雇用契約における身元保証人などの継続保証契約が承継の対象となるかは議論があります。

　限度額及び期間の定めのない継続的信用保証契約は、特段の事情のない限り、保証人の死後生じた債務について相続人は保証債務を負担するものではないとされています（最判昭37.11.9・民集16-11-2270）。しかし、限度額又は期間に制限がある場合は、相続すると考えられています。また、被相続人が不動産賃貸借契約における保証人となっていた場合、この保証債務についても相続するとされています（大判昭9.1.30・民集12-791）。しかし、保証債務といっても、身元保証契約については相続性が否定されています（大判昭18.9.10・民集22-948）。もっとも、相続開始時に具体的に発生していた債務であれば、相続されることとなります。

　相続開始時に具体的に発生していないものについては、その契約を承継した相続人の債務であって、被相続人の債務ではありません。

❷ 可分債務と免責的債務引受

　債権とは、特定人が他の特定人に対して、一定の行為を請求すること
を内容とする権利であるので、債務は、特定人が他の特定人に対して、
一定の行為をする義務となります。そして可分債務とは、分割して給付
することが可能な債務をいい、不可分債務とは、複数の債務者各人が負
う同一の分けることができない債務をいいます。

　借入金債務については、可分債務とされています。したがって、相続
人は遺産分割の手続きを経ることなく、被相続人の債務をそれぞれの法
定相続分に従って承継することとなります。しかし、実務上、相続人の
うち資力のある1人にその債務の全額を免責的に引き受けさせる方法や、
相続人の1人にその債務の全額を免責的に引き受けさせた上で、他の相
続人を連帯保証人とする免責的債務引受を採用することが多いようです。

　免責的債務引受とは、債権者及び債務者以外の第三者である引受人が
債務関係に加入することによって従来の債務者は、債務負担を免れると
いう契約です。これに対し、重畳的債務引受とは、従来の債務者が引き
続き債務者として存続するとともに、引受人も重ねて債務を負担し、従
来の債務者とともに連帯債務者となるという契約です。

　相続人の1人に免責的債務引受をさせる場合、債務を引き受けない相
続人についても、その旨の意思確認のため免責的債務引受契約証書に署
名押印を求められることになります。また、債務に保証人や第三者担保
提供の担保が付されている場合は、これらの者からも同意を得ている旨
の書類を提出します。

　借入金債務については、民法上、可分債務であることを前提に、上記
のような免責的債務引受の手続がされているように思われます。すると、
実際に債務は、各相続人が、その相続分に応じて相続したうえで、代償
分割として、特定の相続人が、その債務を引き受けているとも考えられ
ます。そのように考えると、何もプラスの財産を相続しない相続人が、
債務のすべてを引き受けることは、相続の手続きの範囲を超えたもので

はないか、相続人間で、みなし贈与が成立するのではないかとの考え方も成立しそうです（相法8）。

❸ 租税債権の取扱い

国税の納税義務の承継の規定は次のようになっています。

国税通則法5条（相続による国税の納付義務の承継）

　相続（包括遺贈を含む。以下同じ。）があった場合には、相続人（包括受遺者を含む。以下同じ。）又は民法第951条（相続財産法人の成立）の法人は、その被相続人（包括遺贈者を含む。以下同じ。）に課されるべき、又はその被相続人が納付し、若しくは徴収されるべき国税（その滞納処分費を含む。第2章（国税の納付義務の確定）、第3章第1節（国税の納付）、第6章（附帯税）及び第7章第1節（国税の更正、決定等の期間制限）を除き、以下同じ。）を納める義務を承継する。この場合において、相続人が限定承認をしたときは、その相続人は、相続によって得た財産の限度においてのみその国税を納付する責めに任ずる。

2　前項前段の場合において、相続人が2人以上あるときは、各相続人が同項前段の規定により承継する国税の額は、同項の国税の額を民法第900条から第902条まで（法定相続分・代襲相続人の相続分・遺言による相続分の指定）の規定によるその相続分により按分して計算した額とする。

3　前項の場合において、相続人のうちに相続によって得た財産の価額が同項の規定により計算した国税の額を超える者があるときは、その相続人は、その超える価額を限度として、他の相続人が前2項の規定により承継する国税を納付する責めに任ずる。

　つまり、国税の納税義務については、法定相続分に加えて、代襲相続分、指定相続分により承継することとなります。また、包括遺贈の割合は相続分の指定に該当します。しかし、遺言がない場合は、法定相続分で承継することとなりますので注意が必要です。

② 保証債務の取扱い

❶ 民法における保証債務の取扱い

　保証債務とは、債務者が債務を履行しないときに、これに代わって履行をするために、債務者以外の者である保証人が負う債務のことをいいます。

　保証債務は主債務に対して附従性があります。附従性とは、主たる債務がなければ保証債務は成立せず、主たる債務が消滅すれば、保証債務も消滅する性質のことをいいます（民447）。また、保証債務はその内容や態様において、主たる債務より重くすることはできません（民448）。

　主債務が移転すると保証債務もそれに伴って移転します。これを随伴性といいます。

　主たる債務者が債務を履行しないときに、はじめて保証人が履行の責任を負うことを、補充性といいます（民446）。債権者からの請求に対して保証人は、「まずは主たる債務者に請求をしてくれ」ということができ、このことを催告の抗弁権といいます（民452）。また、債権者が保証人に強制執行をしかけてきたときに、「先に主たる債務者の財産に執行してくれ」ということができ、このことを検索の抗弁権といいます（民453）。

　このように、保証債務の場合は、主たる債務との関係上、附従性や補充性を有します。

　これに対し、連帯保証の場合は、保証人が主たる債務者と連帯して債務を負担したときは、催告の抗弁権や検索の抗弁権を有しません（民454）。したがって、主たる債務について、附従性はありますが、補充性はないとされています。

　また、連帯債務は、数人の債務者が同じ内容の給付について、それぞれが独立に全部の給付をなすべき債務を負担し、そのうちの1人が債務を履行すれば債権は消滅するものをいいます。したがって、独立した債

務とみなされ、附従性や補充性は有しないということになります。しかし、民法442条（連帯債務者間の求償権）では、「連帯債務者の１人が弁済をし、その他自己の財産をもって共同の免責を得たときは、その連帯債務者は、他の連帯債務者に対し、各自の負担部分について求償権を有する」としています。

	附従性	補充性
保証債務	あ　り	あ　り
連帯保証	あ　り	な　し
連帯債務	な　し	な　し

❷ 複数の保証人がいる場合の取扱い

　連帯債務については、それぞれの連帯債務者がその全額について弁済する義務を負いますが、連帯保証の場合は、基本的に各保証人は、その保証する範囲でその債務を弁済する義務を負うことになります。しかし、債務の保証範囲は通常明記されないため、被相続人が連帯保証をしており、生前に債務の履行を催告されていたような場合に、複数の保証人のそれぞれの負担金額が問題となります。

　民法465条は共同保証人間の求償権として、次のように定めています。

民法465条

　第442条（連帯債務者間の求償権）から第444条（償還をする資力のない者の負担部分の分担）までの規定は、数人の保証人がある場合において、そのうちの１人の保証人が、主たる債務が不可分であるため又は各保証人が全額を弁済すべき旨の特約があるため、その全額又は自己の負担部分を超える額を弁済したときについて準用する。

つまりは連帯債務の場合と同様に考えていけばいいこととなります。

3　相続放棄をする場合

❶ 相続の承認と放棄

　相続が開始すると、相続人は何もしない限り被相続人の財産や債務のすべてを受け継ぐこととなります。しかし、相続人の意思で、被相続人の財産等を引き継ぐかどうか、選択できるようになっています。相続人が選択できるのは、ⅰ）相続放棄、ⅱ）限定承認、ⅲ）単純承認のいずれかです。

❷ 相続放棄の期限

　相続の放棄をするためには、相続の開始を知った日から３か月以内に家庭裁判所に相続放棄申述書を提出することになります。この期間を熟慮期間といい、家庭裁判所に申し出て延ばしてもらうこともできます（民915①）。

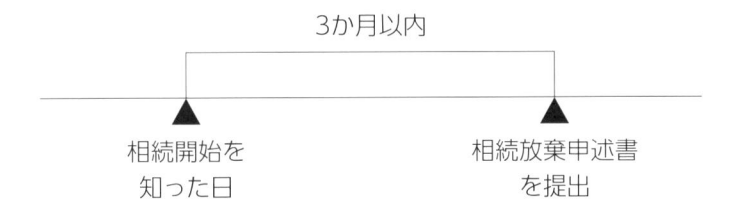

　相続財産が全くないと信じ、かつそのように信じたことに相当な理由があるときなどは、相続財産の全部又は一部の存在を認識したときから３か月以内に申述すれば、相続放棄の申述が受理されることもあります。

　例えば、10年前に家出した父が音信不通のまま生活保護を受けながら生活し病死したため、その死亡を知った子は特に何もしなかったところ、生前知人の1,000万円の債務について連帯保証人となっていたことが、約１年後に判明したため、直ちに家庭裁判所に相続放棄の申述を行ったことが認められた最高裁判例があります（最判昭59.4.27・民集38-6-698）。

❸ 相続放棄の申述人

　相続放棄の申述人は相続人となります（相続人が未成年者または成年被後見人である場合には、その法定代理人が代理して申述します）。

　未成年者と法定代理人が共同相続人であって未成年者のみが申述するとき（法定代理人が先に申述している場合を除く）又は複数の未成年者の法定代理人が一部の未成年者を代理して申述するときには、当該未成年者について特別代理人の選任が必要です。これは、成年後見人などの場合も同じです。

❹ 相続放棄のために必要な費用と書類

　収入印紙800円分（申述人1人につき）と連絡用の郵便切手が必要となります。連絡用の郵便切手の必要な金額は申述先の家庭裁判所ごとに異なりますので、家庭裁判所に確認する必要があります。

　相続放棄のためには、相続放棄の申述書の他に、被相続人の住民票除票又は戸籍附票、放棄する人の戸籍謄本、被相続人の出生時から死亡時までのすべての戸籍（除籍、改製原戸籍）謄本などが必要となります。

❺ 相続放棄の影響

　相続の放棄をした者は、その相続に関しては、初めから相続人とならなかったものとみなされます（民939）。したがって、代襲相続をすることはありません。

　兄弟姉妹相続の場合に、相続人である兄弟姉妹が全員相続を放棄した場合、被相続人の甥姪が相続人となることになります。この場合、新たに相続人となった人は、兄弟姉妹が全員相続を放棄したことを知った日から3か月以内に家庭裁判所に相続放棄申述書を提出すれば、相続放棄することができることになります。

　また、兄弟姉妹相続の場合に、熟慮期間中に相続人である兄が、相続の放棄も限定承認もしないうちに亡くなったとき、兄の相続人である子

（被相続人の甥姪）は最初の相続（相続人にとって叔父叔母）について、父に代わって、相続の承認又は放棄をすることになります。この熟慮期間は、子が父の相続を知った時から起算します。子は叔父叔母の相続を放棄し、父の相続のみ承認することもできますが、先に父の相続を放棄した場合は、叔父叔母の相続を承認する余地はありません。

❻ 相続の放棄が認められない場合

　民法では、単純承認後には、相続の放棄を認めていません。そして、相続財産の処分等をしたと認められる場合は、単純承認したとみなされ、熟慮期間内に相続の放棄を申述したとしても、相続の放棄は認められません。

　相続財産の処分をしたと認められる場合とは、次のようなケースです（民921）。

ア　相続人が相続財産の全部又は一部を処分したとき。ただし、保存行為及び民法602条（短期賃貸借）に定める期間を超えない賃貸をすることは、この限りではありません。

イ　相続人が民法915条（相続の承認又は放棄をすべき期間）1項の期間内に限定承認又は相続の放棄をしなかったとき。

ウ　相続人が、限定承認又は相続の放棄をした後であっても、相続財産の全部若しくは一部を隠匿し、私にこれを消費し、又は悪意でこれを相続財産の目録中に記載しなかったとき。ただし、その相続人が相続の放棄をしたことによって相続人となった者が相続の承認をした後は、この限りではありません。

❼ 熟慮期間と税務申告

　相続人が相続について単純若しくは限定の承認又は放棄を選択できる期間は、自己のために相続の開始があったことを知った時から3か月以

内です。しかし、3か月では、まだ百箇日にもなっておらず、離れて暮らしている相続人が被相続人の財産調査をするために、十分な日数とはいえません。そこで、この期間は、家庭裁判所で延ばしてもらうことができます。

　裁判所のホームページには、家事審判申立書の記載例が載っており、申立ての理由として、次のように書かれています。

1　申立人は，被相続人の長男です。
2　被相続人は平成○○年○○月○○日死亡し，同日，申立人は，相続が開始したことを知りました。
3　申立人は，被相続人の相続財産を調査していますが，被相続人は，幅広く事業を行っていたことから，相続財産が各地に分散しているほか，債務も相当額あるようです。
4　そのため，法定期間内に，相続を承認するか放棄するかの判断をすることが困難な状況にあります。
5　よって，この期間を○か月伸長していただきたく，申立ての趣旨のとおりの審判を求めます。

　しかし、相続人は、年の中途で死亡した被相続人について、1月1日から死亡した日までに確定した所得金額及び税額を計算して、相続の開始があったことを知った日の翌日から4か月以内に申告（準確定申告）と納税をしなければなりません（所法125）。この期間については延長することはできないため、熟慮期間を延長した相続人がいる場合について、問題が生ずると指摘されています（三木義一他『実務家のための税務相談・民法編』347頁　有斐閣、2006年）。

　つまり、熟慮期間中の相続人が、申告期限までに準確定申告をした場合は、財産の処分をしたとみなされ、相続を単純承認したということになる可能性があります。また、熟慮の末、相続を承認した場合は、準確定申告について期限後申告となり、無申告加算税や延滞税が課されるこ

ととなります。また、被相続人の事業を引き継ぐ場合に、相続人が新たに青色申告の承認申請を受けるのならば、次の期間に承認申請書の提出をする必要があり、初年度の申告には間に合わない可能性もあります。

ア　被相続人が白色申告者の場合（その年の１月16日以後に業務を承継した場合）

　　……業務を承継した日から２か月以内

イ　被相続人が青色申告者の場合（死亡の日がその年の１月１日から８月31日）

　　……被相続人の死亡による準確定申告書の提出期限である相続の開始を知った日の翌日から４か月以内（ただし、その期限が次のウ、エの青色申告の承認があったとみなされる日後に到来するときは、その日）

ウ　被相続人が青色申告者の場合（死亡の日がその年の９月１日から10月31日）

　　……その年12月31日

エ　被相続人が青色申告者の場合（死亡の日がその年の11月１日から12月31日）

　　……翌年２月15日

　もっとも、そのまま放棄した場合は、次順位の相続人が自己のために相続があったことを知った日は、前順位の相続人が放棄したことを知った日ですので、上記イ括弧書きの場合を除き、このような問題は生じません。

❽ 熟慮期間経過後の修正申告

　熟慮期間経過後に被相続人に多額の租税債務があることが判明した場合はどのようになるのでしょうか。これに関して、被相続人の所得税に対する更正及び決定処分が、相続の承継・放棄の熟慮期間内になされな

かったために、相続人が相続放棄をする機会を失っており、処分は違法であるとの納税者の主張が認められなかった兄弟姉妹相続の裁判例があります。

●前橋地判平10.8.28・Z237-8229

　昭和63年12月30日に81歳で死亡した被相続人には子はなく、両親も妻も既に死亡していました。被相続人は、かつて、タクシー会社を経営していましたが、昭和45年頃これを末弟に譲り自身は株式の売買等を行っていました。被相続人の法定相続人は、被相続人の平成63年分の所得税について確定申告をしていません。

　法定相続人らは、平成元年6月22日、被相続人の遺産分割協議を成立させ、末弟が積極消極を含めて遺産の殆どを相続する旨及び将来判明した遺産（債務も含む）も末弟が相続する旨の合意をしました。相続人らは、被相続人の遺産につき、取得財産の価額を30億7,258万円余、債務及び葬式費用の金額を18億3,556万円余、末弟の納税すべき相続税額5億165万円余とする相続税の申告をし、末弟は同日、2億4,165万円を納税し、その余については、平成2年6月29日、延納許可を得ました。

　その後、関東信越国税局の職員により被相続人の相続に関する相続税及び昭和60年から63年分の所得税について税務調査が実施され、末弟は、平成3年6月26日、関東信越国税局の職員から被相続人の延滞所得税7億5,654万円に加算税、延滞税、市民税、県民税及び事業税の合計が12億446万円となり、申告より14億6,325万円余増加すること、一方相続税については、財産が36億8,845万円余、債務等が28億4,245万円余で、相続税額が3億5,831万円余となり、申告より1億4,333万円少なくなること、及びこれらに従って修正申告及びその納税が必要である旨通告されました。そこで、法定相続人らは、平成3年6月30日、本件分割協議が錯誤により無効である旨の確認書を作成し、同年7月29日、前橋家庭裁判所に対し、弁護士を代理人として、被相続人の相続に関する相続放棄申述書を提出し、同事件は家庭裁判所調査官による調査に付されました。

　その後、原処分庁は平成3年12月20日、本件調査に基づき、法定相続

人らに対し、昭和60年分以後の被相続人の青色申告承認取消処分をするとともに、課税処分を行なったため、末弟は、異議申立て、審査請求を経て、訴訟に及びました。

　その間、法定相続人らは、前記相続放棄申述申立事件について、家庭裁判所から、末弟申立て分は要件について疑問があるとの指摘を受け、平成４年２月25日、末弟申立て分については申立てを取下げました。末弟は、本訴提起後の平成９年10月31日死亡し、その相続人が訴訟を引き継ぎました。

　裁判所は、被相続人の所得税に対する更正及び決定処分が、相続の承継・放棄の熟慮期間内になされなかったために、相続人が相続放棄をする機会を失っており、右処分は違法であるとの納税者の主張が、課税庁は除斥期間等の問題がない以上、被相続人の所得税に関する課税要件に関して調査を行い、適正な税額を確定しなければならないこと、被相続人の債務状況等の相続財産の内容調査は熟慮期間中において行うべきであること、熟慮期間は個々の相続人の主観的事情に左右される極めて不明確な期間であり、このような期間を税務調査手続の期間的制約として設定することは、租税行政に無用の混乱・負担を来すとしました。

　そして、相続人に相続税額以上の被相続人の所得税を負担させる課税処分は、国税通則法５条１項の解釈を誤ったものであり、憲法29条（財産権）等に反するとの納税者の主張が、相続人に対してなされる課税処分が相続人の納める相続税額に限定されなければならないとの規定はなく、租税実体法に定められた課税要件が適法に確定されていれば、当該納税義務者の相続人に対し、相続税額を超える租税債務を承継させても憲法29条等に反することにはならないとして、納税者の訴えを排斥しました。

　この事例は、相続の単純承認をする際には、被相続人の財産調査を十分に行うことの必要性を表しています。しかし、事業を行っていた被相続人についての財産調査を十分に行うことは難しく、被相続人の財産の処分をした後に相続放棄が認められることも難しいことにも留意する必要があります。

4 限定承認をした場合

❶ 限定承認の考え方

　民法では922条から937条までにおいて、限定承認の規定を設けています。限定承認により、相続人は、相続によって得た財産の限度においてのみ被相続人の債務及び遺贈を弁済すべきことを留保して、相続の承認をすることができます（民922）。

　限定承認をした場合、相続開始とともに被相続人の財産や債務が、直ちに相続人に帰属するということにはならず、一旦別立ての財産となって清算されることになります。

❷ 限定承認の手続き

　相続人は、限定承認をしようとするときは、民法915条の熟慮期間内に、相続財産の目録を作成して、被相続人の最後の住所地の家庭裁判所に提出し、限定承認をする旨を申述することとなります（民924）。

　相続人が２人以上いる場合には、相続人全員が共同して限定承認の手続きを行う必要があります（民923）。その際に、相続放棄をした人がいたとしても、その人は、相続人ではなかったものとみなされるので、それ以外の共同相続人全員で申述することになります。

　家庭裁判所にて、限定承認の申述が受理されたならば、限定承認者又は限定承認者が２人以上いる場合に選任されることとなる相続財産管理人は、相続財産の清算手続を行わなければなりません。限定承認者の場合は５日以内、相続財産管理人の場合は選任後10日以内に、限定承認をしたこと及び債権の請求をすべき旨の公告（官報掲載）の手続きをすることとなります。その後は、弁済や換価などの清算手続を行っていくことになります。

　限定承認者は、上記の公告若しくは催告をすることを怠り、又は公告

期間内に相続債権者若しくは受遺者に弁済をしたことによって他の相続債権者若しくは受遺者に弁済をすることができなくなったときは、これによって生じた損害を賠償する責任を負うことになります。また、民法929条（公告期間満了後の弁済）から931条（受遺者に対する弁済）までの規定に違反して弁済をしたときも、損害賠償義務を負います。

このように、限定承認の手続きは難しく、また、決められた手続きを怠った場合には損害賠償義務を負わされるなど、ハードルの高いものとなっています。

❸ 限定承認の効果

相続人が限定承認をしたときは、その被相続人に対して有した権利義務は消滅しなかったものとみなされます（民925）。つまり、被相続人に対する債権と債務であるとしても、混同により消滅することはありません。

また、被相続人の保証債務や潜在債務などについても、理論上は、その額を算定して財産目録に載せることにより、それを負担することが回避できます。しかし、現実的には、財産目録作成の際は、その存在が知れていなかったり、その額の算定が難しかったりして、十分な対処ができるかどうかは疑問です。

上記❷でも述べたように、限定承認手続では、相続財産管理人の選任や財産目録の作成、官報公告手続や債権者への返済など複雑な手続を行わなければならず、また、保証債務などへの対策としても十分とはいえないことから、その利用はあまりされていません。

❹ 限定承認をした場合の被相続人に対する課税

所得税法では、限定承認をした相続財産に、土地・建物のような資産があった場合には、これらの資産は、被相続人が相続人に対して、時価で譲渡したものとみなして、「みなし譲渡」所得課税を行うこととしています（所法59①一）。

　実際は、この所得については、相続人が準確定申告により申告し、所得税を納付することとなります。ただし、この所得税額についても、被相続人の債務ですので、相続財産額を超える部分は切り捨てられることになります。

❺ 相続人に対する相続税の課税

　限定承認をした相続財産についての譲渡所得課税は、被相続人がその財産を所有していた期間の含み益の清算です。一方、被相続人のプラスの財産からマイナスの財産を控除した残額が、相続税の基礎控除額より大きい場合は、相続税の申告が必要となります。その際、相続人が、被相続人のプラスの財産の範囲内でマイナスの財産を引き継ぐという判定は、相続開始時の価額、時価によりなされますが、相続税の申告については、時価ではなく相続税評価額で評価します。マイナスの財産は、相続税の申告における債務控除の対象となります。

❻ 限定承認の課税関係が問題となった裁判例

　限定承認に係る相続による譲渡所得の基因となる資産の移転に対するみなし譲渡課税の可否が争点となった裁判例があります。

> **●東京地判平13.2.27・Z250-8845、東京高判平13.8.8・Z251-8957**
>
> 　平成7年1月6日に死亡した被相続人に関し、納税者及び共同相続人らは、家庭裁判所に対して、限定承認をする旨申述し、これが受理されました。
>
> 　相続人らは、東京都品川区小山台所在の宅地578.51㎡のうち納税者所有分を除く持分5万7,851分の5万3,951の宅地、上記土地上に存する家屋番号の木造家屋及び駐車場設備を相続し、平成7年7月24日、相続を原因として、相続人らへの所有権移転登記手続を行いました。相続人ら

は、平成 8 年 2 月23日、上記土地を分筆し、その後、同年 6 月28日に行われた遺産分割により、分筆した土地の 1 つは納税者以外の相続人らが共有し、もう 1 つの土地は納税者が単独所有することとなりました。その後、相続人らは、平成 8 年 5 月21日付けで、上記共有土地と家屋等をＡ社に 2 億2,100万円で譲渡する旨の不動産売買契約を締結し、同年 8 月 6 日、同社への所有権移転登記手続を行いました。

　一方、原処分庁は、限定承認に係る相続による譲渡所得の基因となる資産の移転については、所得税法59条 1 項 1 号により、相続開始時点における価額に相当する金額により譲渡があったものとみなされるとして、被相続人に係る所得税の決定処分及びこれに対する無申告加算税の賦課決定処分を行なったため、納税者はこれを不服とし、争いとなりました。

　納税者の主張は、所得税法59条 1 項 1 号は、限定承認の場合において相続財産が相続債務を超えることが判明した場合に超過分の財産についても課税されることになり、単純承認した場合よりも限定承認をしたために課税額が増加するなど、相続人に不利益を生じさせているから、相続財産が相続債務を超える場合に、相続人に不利益を生じさせるときには、同規定を適用するべきではないなどというものでした。

　これに対して、判決では、①民法は、相続人によって得た財産の限度でのみ責任を負えば足り、残債務を自己の固有財産で弁済する必要がないこととなるために限定承認制度を設けたものであるところ、所得税法59条 1 項 1 号が適用されることによって、相続人は相続により取得した財産の範囲内で、みなし譲渡所得課税により課税された所得税を含めた相続債務を弁済する義務を負うにすぎないこととなり、相続財産が相続債務を超えるか否かにかかわらず、限定承認をした相続人が相続財産の限度を超えて負担することはなくなるのであるから、同規定が民法の趣旨に反して相続人に不利益を課すものとまではいえないことは明らかであるなどとして、納税者の訴えを退けました。

❼ 限定承認のメリットとデメリット

限定承認の課税上のメリットとデメリットをまとめると次にようになります。

(1)　限定承認のメリット

　　i　マイナスの財産がプラスの財産が多い場合は、相続財産の中に含み益のある資産があっても、結局は、譲渡所得税は切り捨てられることになること

　　ii　単純承認をした場合に、含み益のある資産をすべて売却する予定であるならば、被相続人に譲渡所得税が課される限定承認の方が、被相続人に対する住民税の課税がない分、譲渡についてのトータルの税負担が少なくなること

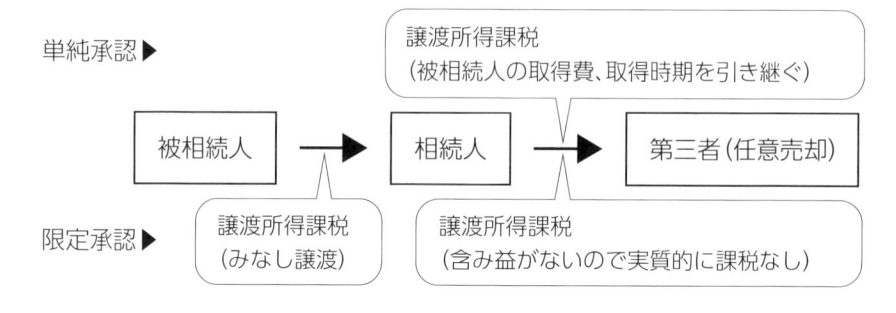

(2)　限定承認のデメリット

　　i　マイナスの財産よりプラスの財産が多い場合でも、遺産のすべてを売却したものとみなして譲渡所得課税が行われてしまうこと

　　ii　居住用財産の3,000万円控除などの適用が受けられないこと

　　　被相続人の居住用財産を引き継いだ場合、それについても含み益がある場合は、譲渡所得課税を受けますが、租税特別措置法35条の居住

用財産の譲渡所得の特別控除の適用の可否が問題となります。

　しかし、限定承認した場合は、被相続人から相続人への譲渡なので、3000万円控除の要件である「売手と買手の関係が、親子や夫婦など特別な間柄でないこと」の要件を満たさないこととなります（措令20の3①）。単純承認の場合は、相続により取得した財産について、所有者として住んでから譲渡すれば、3,000万円控除を受けることができます。

　限定承認については、手続きの煩雑さもさることながら、このような特異な課税が行われることも考慮に入れて、その選択の判断をすることになります。

第 3 章

相続税申告上の問題

相続税申告書主要項目上の問題点

　兄弟姉妹相続の場合、被相続人の資産を維持していくよりも、現金で精算して相続手続きを終わらせたいというニーズのほうが多いようです。それでも、なかには事業を営んでいた被相続人も見受けられ、その場合は簡単に現金精算することはできません。本章ではこのような特徴のある兄弟姉妹相続における相続税の申告の留意点について解説します。

1　法定相続人の数

　相続税額の計算をする場合、相続税の基礎控除額、生命保険金の非課税限度額、死亡退職金の非課税限度額、相続税の総額の計算において、「法定相続人の数」を基に行います。

　例えば、遺産に係る基礎控除額は、3,000万円と600万円にその被相続人の法定相続人の数を乗じて算出した金額との合計額により計算します。

　また、被相続人が保険料を負担していた死亡保険金を法定相続人が受け取った場合には、次の非課税限度額を超える部分が相続税の課税対象となります。

　　500万円×法定相続人の数＝非課税限度額

　死亡退職金についても同様の規定が設けられています。

　兄弟姉妹相続の場合、この「法定相続人の数」について、2点、注意点があります。

❶ 法定相続人の範囲

　1つは法定相続人自体についてです。兄弟姉妹相続の場合は、被相続人と兄弟姉妹とが同じ年齢層であるため、相続開始前にすでに物故者となっており、代襲相続人として、被相続人の甥姪が相続人となる場合があります。その他にも、被相続人の死後、相続税の申告期限までの間に、相続人である兄弟姉妹に相続が発生する場合もあります。

　どちらの場合も、甥姪が被相続人の遺産を取得することになることは同じですが、前者については、代襲相続人が法定相続人となる一方、後者については、相続開始後に死亡した相続人があくまでも法定相続人であり、甥姪はその死亡した相続人の相続人として遺産を取得することとなることに注意しなければなりません。

●以前死亡

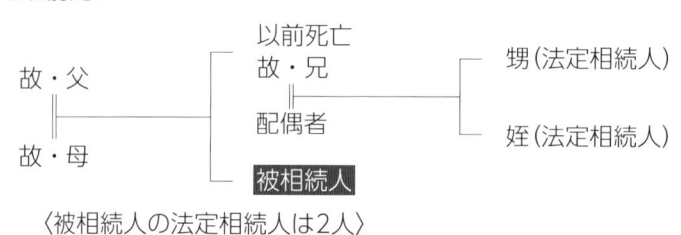

〈被相続人の法定相続人は2人〉

●相続開始後の死亡

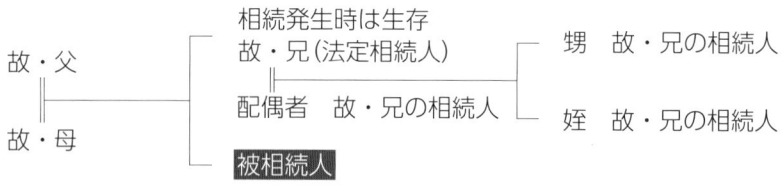

〈被相続人の法定相続人は1人〉

❷ 養子の数

２点目は養子の数の制限についてです。

「法定相続人の数」という際には、法定相続人の数に含める被相続人の養子の数は、一定数に制限されています（相法15②）。具体的には次のとおりです。

・被相続人に実の子供がいる場合　……　１人まで

・被相続人に実の子供がいない場合　……　２人まで

ただし、養子の数を法定相続人の数に含めることで相続税の負担を不当に減少させる結果となると認められる場合、その原因となる養子の数は、上記の養子の数に含めることはできません（相法63）。

なお、次のいずれかに当てはまる人は、実の子供として取り扱われますので、すべて法定相続人の数に含まれます（相法15③・相令３の２）。

・被相続人との特別養子縁組により被相続人の養子となっている人

・被相続人の配偶者の実の子供で被相続人の養子となっている人

・被相続人と配偶者の結婚前に特別養子縁組によりその配偶者の養子となっていた人で、被相続人と配偶者の結婚後に被相続人の養子となった人

・被相続人の実の子供、養子又は直系卑属が既に死亡しているか、相続権を失ったため、その子供などに代わって相続人となった直系卑属

ところで、養子の数の制限の対象となる養子は、あくまでも被相続人自身の養子に限られます。したがって、下記のように、被相続人自身の養子でない場合は養子の数の制限の対象とはなりません。

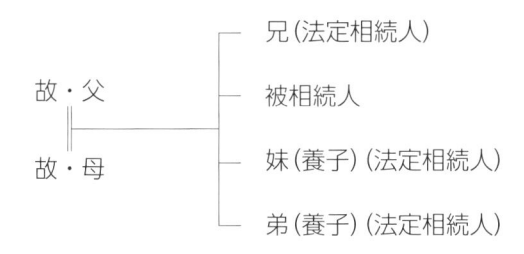

故・父　┳━ 兄(法定相続人)
　　　　┃━ 被相続人
故・母　┃━ 妹(養子)(法定相続人)
　　　　┗━ 弟(養子)(法定相続人)

2　生命保険金

　兄弟姉妹相続となるような場合の死亡生命保険金は、特定の者の生活の保障のためにかけられたものというよりも、自身のための医療保険に付された少額のものが多いようです。もともとそういった性質のものですから、死亡保険金受取人も単に「相続人」としている例も見受けられます。また、死亡保険金受取人を特に指定せず、保険約款の「保険金受取人の指定のないときは保険金を被保険者の相続人に支払う」という項目により、相続人に支払われる場合があります。

　このような保険金について、その保険の契約者である被相続人の相続人が、どのような割合で取得するかについては、均等説（複数の相続人があるときの死亡保険金に対する各人の持分的権利は相続によって取得したものではないから、法定相続分によるものではなく、とくに指定のないかぎり平等（均等）であるとする）と相続分説（受取割合は相続分によるとの指定が含まれているとする）に分かれていました。これに関して、最高裁平成6年7月18日判決は次のように判断を下しました。

●最判平6．7．18・裁判所ホームページ　最高裁判所判例集
　　保険契約において、保険契約者が死亡保険金の受取人を被保険者の『相続人』と指定した場合は、特段の事情のない限り、右指定には、相続人が保険金を受け取るべき権利の割合を相続分の割合によるとする旨の指定も含まれているものと解するのが相当である。けだし、保険金受取人を単に『相続人』と指定する趣旨は、保険事故発生時までに被保険者の相続人となるべき者に変動が生ずる場合にも、保険金受取人の変更手続をすることなく、保険事故発生時において相続人である者を保険金受取人と定めることにあるとともに、右指定には相続人に対してその相続分の割合により保険金を取得させる趣旨も含まれているものと解するのが、保険契約者の通常の意思に合致し、かつ、合理的であると考えられるからである。した

がって、保険契約者が死亡保険金の受取人を被保険者の『相続人』と指定した場合に、数人の相続人がいるときは、特段の事情のない限り、民法427条にいう『別段ノ意思表示』である相続分の割合によって権利を有するという指定があったものと解すべきであるから、各保険金受取人の有する権利の割合は、相続分の割合になるものというべきである。

以上のように、特段の事情のない限り、各保険金受取人の有する権利の割合は相続分の割合になるとしました。

となると、保険金受取人を「相続人」と指定した場合は、その権利は相続分により各相続人に帰属することになりますが、何も指定しなかった場合に、この最高裁判決と同じ結論となるかは一概には言えなさそうです。

ところで、生命保険金の非課税限度額の規定は、契約上の保険金の受取人ではなく、保険金を取得した受取人についての規定ですので、契約により死亡保険金の指定がない場合であっても、現実に所得した者が相続人であれば、この規定の適用範囲であることとなります。

3 債務控除・葬式費用

❶ 債務の負担割合と債務控除

相続税額の計算において、相続財産の課税価額から控除できる債務の金額は、「その者の負担に属する部分の金額」によるものとなっています。

この金額は、相続又は包括遺贈及び被相続人からの相続人に対する遺贈によって財産を取得した者が実際に負担する金額となりますが、これらの者の実際に負担する金額が確定していないときは、民法900条から902条（遺言による相続分の指定）までの規定による相続分又は包括遺贈の割合に応じて負担する金額をいうものとして取り扱うとされています（相基通13-3前段）。

　これは、分割可能な債務については民法427条（分割債権及び分割債務）が適用され、被相続人に係る可分債権（債務）についても、相続開始とともに法律上当然に分割され、各相続人が法定相続分に応じて承継する（民899）とされていることによっています（大決昭5.12.4・民集9巻1118頁）。

　このことに関し、相続税法基本通達逐条解説（平成22年度版）では、被相続人の債務の承継については、共同相続人中に民法903条の特別受益者又は同法904条の2の特別寄与者がいる場合に、特に問題となるとし、民法上の考え方と相続税法上の考え方の違いについて次のように述べています（加藤千博編271頁 大蔵財務協会）。

> 　ところで、共同相続人又は包括受遺者間において、被相続人の債務をどのように負担するかという問題は、民法上は、主として相続債権者の保護及び相続人間の利益調整という観点から論ぜられているようであるが、相続税法においては、遺産が未分割である場合における相続税の課税（相法55本文）は、遺産が分割されるまでの間の暫定的な仮定計算にすぎず、最終的には、分割の確定により修正できることが予定されており（相法30、31①、32一、35③、55ただし書）、その場合、被相続人の債務のうち各人の負担する部分の計算についても、既に述べたように実際に負担する金額により計算することとなっていることを考えると、実際に負担する金額の確定していない場合の債務の計算についてまで法第55条の規定の考え方をとり入れ、（昭和47年の）改正前の取扱いのようなはんさな計算方法（民法第903条によって算出された各共同相続人の具体的な相続分に応じて分担すべきだとする考え方）をとらなければならないという理由もまた実益に乏しく、むしろ計算方法の簡明な、各共同相続人の本来の相続分（民法第900条から第902条までの規定による法定相続分又は指定相続分）に応じて分担すべきだとする考え方によるのが妥当であるとも考えられる。

　つまりは、債務の負担割合が決まっていない場合の計算は、あくまでも暫定的な仮計算として、規定が設計されていることが留意すべきこととなります。

　上記の書では遺産分割が未了な場合を想定して書かれていますが、遺産分割が完了している場合であっても債務の負担額が決まっていないこともあります。そこで、このように計算した債務の負担額が、各自の相続財産の価額を上回る場合、この超える部分の金額を相続税の課税価格の計算上切り捨ててしまうことは必ずしも適当でないことから、相続税法基本通達13-3ただし書きでは、「共同相続人又は包括受遺者が当該相続分又は包括遺贈の割合に応じて負担することとした場合の金額が相続又は遺贈により取得した財産の価額を超えることとなる場合において、その超える部分の金額を他の共同相続人又は包括受遺者の相続税の課税価格の計算上控除することとして申告があったときは、これを認める。」としています。

　相続人等の間で債務の負担金額が決定していない場合に、共同相続人又は包括受遺者が当該相続分又は包括遺贈の割合に応じて負担することとした場合の金額が相続又は遺贈により取得した財産の価額を超えることとなった場合の超過額を債務等超過額とよびます。

　この債務等超過額を控除することが可能な者が複数いる場合に、誰の相続財産の価額から控除するのか疑問が生じます。

　この件に関し、相続税法基本通達13-3ただし書の定めにより、他の共同相続人の債務等超過分を請求人の課税価格から控除するためには、債務等超過分を控除することが可能な者の合意が必要であることとなります（参考裁決例：平22.3.15裁決・裁決事例集第79集）。

❷ 葬式費用と債務控除

　相続税法13条1項2号では、債務控除の対象に、被相続人に係る葬式費用を含むものとしています。これに関して、実際に負担する金額が確

定していない葬式費用は、民法900条から902条までの規定による相続分又は包括遺贈の割合で計算すべきとした裁決例があります。次のような内容です。

●平24.5.15裁決・裁決事例集第87集

　遺言により被相続人の全ての財産を取得した請求人が、被相続人の配偶者から遺留分減殺請求されたことから、取得した財産の価額から遺留分の額を控除して相続税の申告をしました。これについて、原処分庁は更正処分等をしたため、請求人はこれを不服として審査請求となりました。

この裁決例における争点の１つである「本件葬式費用は、請求人の課税価格の計算上控除すべきか否か。」について、原処分庁は、葬式費用は、被相続人の債務ではなく、相続又は遺贈により財産を取得した者がその相続又は遺贈との関連において負担する性質のものではないところ、本件葬式費用は、本件配偶者により支払われていると認められるから、現実に支払った本件配偶者の課税価格の計算上控除するのが相当であると主張しました。

　一方、請求人は、本件葬式費用は、本件配偶者との間において誰が負担するか確定していないこと及び請求人が取得すべき預金から支払われていることからすれば、その全額を請求人の課税価格の計算上控除すべきであると主張しました。

　審判所は、請求人提出資料、原処分関係資料及び当審判所の調査の結果によれば、本件遺留分減殺請求訴訟において本件配偶者が準備書面の添付資料として提出した「L遺産目録」と題する書面には、当事者間で争いがある葬儀費用として、本件葬式費用を含む1,034万6,619円が記載されている事実が認められるとしました。

　そして、それについて、請求人は、本件葬式費用は本件配偶者が支払っているが、本件遺留分減殺請求訴訟において、本件葬式費用を誰がいくら負担するかについて係争中である旨、配偶者は、本件葬式費用は喪主である自分が支払うものと思って支払ったが、本件遺留分減殺請求訴訟において、本件葬式費用を誰がいくら負担するかについて係争中である旨、審判

所に対し答述しています。

　そこで審判所は、本件遺留分減殺請求訴訟の両当事者である請求人及び本件配偶者の各答述は、本件葬式費用を誰がいくら負担するかについて係争中である点で一致しており、本件遺留分減殺請求訴訟において、本件配偶者が葬儀費用については当事者間で争いがあるとして本件被相続人の財産目録を作成していることからすれば、本件葬式費用は、本件更正処分時において、請求人と本件配偶者との間でどちらがどれだけ負担するか確定していなかったと認められるとしました。そして、そうすると、本件葬式費用は、基本通達13-3の定めに基づき、民法第900条から第902条までの規定による相続分又は包括遺贈の割合に応じ、各人の課税価格の計算上控除すべきであるところ、本件遺言書における遺言は、遺産分割方法の指定と同時に同条第1項に規定する相続分を指定したものと認められることから、遺言により指定された相続分に応じ、請求人が本件葬式費用を負担するものとして、その全額を請求人の課税価格の計算上控除するのが相当であるとして、原処分庁の主張を斥けました。

　この裁決例では、実際に葬式費用を支払っているとしても、その負担について相続人間で確定していない場合は、民法900条（法定相続分）から902条（遺言による相続分の指定）までの規定による相続分又は包括遺贈の割合に応じて負担する金額とすることを確認しています。

　兄弟姉妹相続では、債務や葬式費用をとりあえず相続財産から支払っていたり、仮に誰かが立て替えていたりしても、最終的な精算は別に行おうと考えている場合も多いようです。相続税額の申告期限までに、各人の負担割合の合意がない場合は、相続分に応じて帰属するとされていることに留意する必要があります。

4 ２割加算

　相続、遺贈や相続時精算課税に係る贈与によって財産を取得した人が、被相続人の１親等の血族（代襲相続人となった孫（直系卑属）を含みます）及び配偶者以外の人である場合には、その人の相続税額にその相続税額の２割に相当する金額が加算されます（相法18①）。兄弟姉妹相続の場合は、被相続人の２親等の親族に該当するため、この２割加算の対象となります。また、代襲相続人である甥姪も同様です。

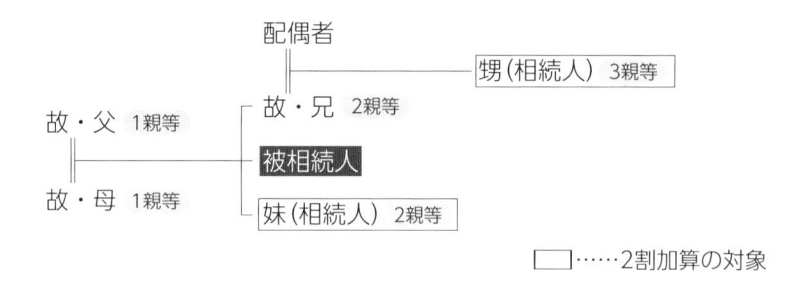

□……２割加算の対象

　もっとも、兄弟間で年齢が離れており、末弟がまだ小さいうちに両親が亡くなったような場合では、末弟が長兄の養子となっていることもありえます。養子縁組の条件として、年長でないこと、直系の尊属でないことがありますが、妹や弟についてはこれに該当しません。

　被相続人の直系卑属が当該被相続人の養子となっている場合（いわゆる孫養子）は、上記の例外として、２割加算の対象とされますが（相法18②）、兄弟姉妹間で養子縁組をした場合はこれに該当しませんので、１親等の親族として相続税額の２割加算を免れることとなります。もっとも、そのような養子がいる場合は、兄弟姉妹が相続人となることはありませんから、この本でいう兄弟姉妹相続には該当しません。

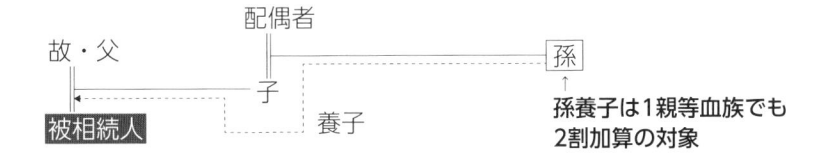

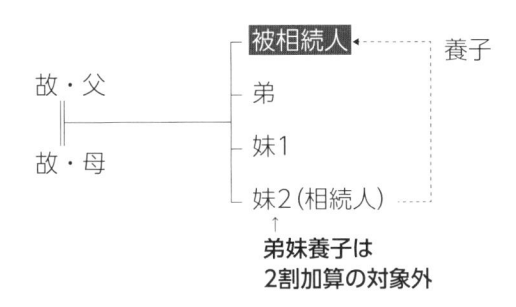

[5] 未成年者控除と障害者控除

　２割加算は相続税額に加算する制度でしたが、逆に相続税額から一定金額を減算する制度があり、そのなかに未成年者控除と障害者控除があります。

❶ 未成年者の税額控除

　相続人が未成年者のときに、相続税の額から一定の金額が差し引かれるものです。未成年者控除は、次のすべてに当てはまる者が受けることができます（相法19の３）。

ア　相続や遺贈で財産を取得したときに日本国内に住所がある人（一時居住者で、かつ、被相続人が一時居住被相続人又は非居住被相続人である場合を除きます）又は、相続や遺贈により財産を取得したときに日本国内に住所がない人でも次のいずれかに当てはまる人

　　a　日本国籍を有しており、かつ、その人が相続開始前10年以内に日本国内に住所を有していたことがある人

　　b　日本国籍を有しており、かつ、相続開始前10年以内に日本国内に住所を有していたことがない人（被相続人が、一時居住被相続人又は非居住被相続人である場合を除きます）

　　c　日本国籍を有していない人（被相続人が、一時居住被相続人、非居住被相続人又は非居住外国人である場合を除きます）

イ　相続や遺贈で財産を取得したときに20歳未満である人

ウ　相続や遺贈で財産を取得した人が法定相続人（相続の放棄があった場合には、その放棄がなかったものとした場合における相続人）であること

（注）

・「一時居住被相続人」とは、相続開始の時に在留資格（出入国管理及び難民認定法別表第一（在留資格）上欄の在留資格をいいます。以下同じです）を有し、かつ、日本国内に住所を有していた被相続人で、その相続の開始前15年以内に日本国内に住所を有していた期間の合計が10年以下の人をいいます。

・「非居住被相続人」とは、相続開始の時に日本国内に住所を有していなかった被相続人で、ⅰ）相続の開始前10年以内のいずれかの時において日本国内に住所を有していたことがある人のうち、そのいずれの時においても日本国籍を有していなかった人又はⅱ）その相続の開始前10年以内に日本国内に住所を有していたことがない人をいいます。

・「非居住外国人」とは、平成29年4月1日から相続又は遺贈の時まで引き続き日本国内に住所を有しない人で日本国籍を有しない人をいいます。

　未成年者控除の額は、その未成年者が満20歳になるまでの年数1年につき10万円で計算した額です。また、年数の計算に当たり、1年未満の期間があるときは切り上げて1年として計算します。ただし、その未成年者が今回の相続以前にも未成年者控除を受けているときは、控除額が制限されることがあります。

❷ 障害者の税額控除

　相続人が85歳未満の障害者のときに、相続税の額から一定の金額が差

し引かれるものです。障害者控除は、次のすべてに当てはまる者が受けることができます（相法19の4）。

ア　相続や遺贈で財産を取得した時に日本国内に住所がある人（一時居住者で、かつ、被相続人が一時居住被相続人又は非居住被相続人である場合を除きます）

イ　相続や遺贈で財産を取得した時に障害者である人

ウ　相続や遺贈で財産を取得した人が法定相続人（相続の放棄があった場合には、その放棄がなかったものとした場合における相続人）であること

　障害者控除の額は、その障害者が満85歳になるまでの年数1年（年数の計算に当たり、1年未満の期間があるときは切り上げて1年として計算します）につき10万円で計算した額です。特別障害者の場合は1年につき20万円となります。ただし、その障害者が今回の相続以前の相続においても障害者控除を受けているときは、控除額が制限されることがあります。

❸　未成年者控除額や障害者控除額が控除しきれない場合

　未成年者控除額や障害者控除額が、その未成年者や障害者本人の相続税額より大きいため控除額の全額が引き切れないことがあります。この場合は、その引き切れない部分の金額をその未成年者や障害者の扶養義務者の相続税額から差し引きます。

　この扶養義務者ですが、民法では次のように定めています。

民法877条（扶養義務者）

　直系血族及び兄弟姉妹は、互いに扶養をする義務がある。

2　家庭裁判所は、特別の事情があるときは、前項に規定する場合のほか、三親等内の親族間においても扶養の義務を負わせることができる。

3　前項の規定による審判があった後事情に変更を生じたときは、家庭裁判所は、その審判を取り消すことができる。

　これを受け、相続税法基本通達でも、扶養義務者の定義を次のように
しています。

相続税法基本通達１の２-１　（「扶養義務者」の意義）

　相続税法第１条の２第１号に規定する「扶養義務者」とは、配偶者並び
に民法第877条（扶養義務者）の規定による直系血族及び兄弟姉妹並びに家
庭裁判所の審判を受けて扶養義務者となった三親等内の親族をいうのであ
るが、これらの者のほか三親等内の親族で生計を一にする者については、
家庭裁判所の審判がない場合であってもこれに該当するものとして取り扱
うものとする。
　なお、上記扶養義務者に該当するかどうかの判定は、相続税にあっては
相続開始の時、贈与税にあっては贈与の時の状況によることに留意する。

　これにより、兄弟姉妹相続の例をみてみます。

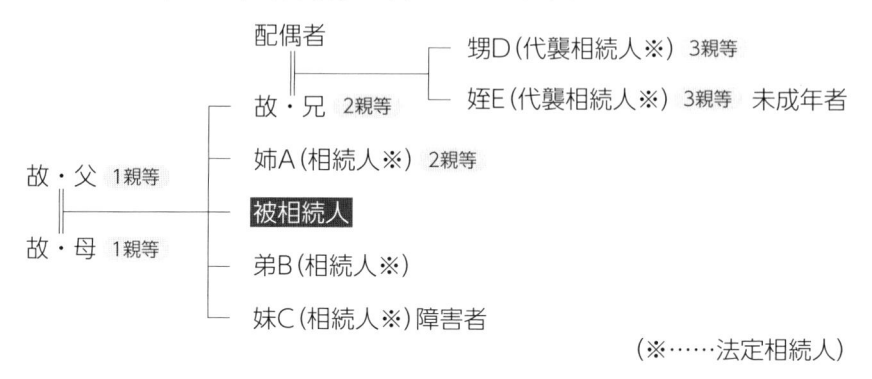

（※……法定相続人）

　上記のような場合で、未成年者や障害者でいう扶養義務者は誰に当た
るかということですが、障害者であるＣの場合は、まず、無条件で兄弟
であるＡとＢが該当します。また、ＤはＣの３親等親族ですので、生計
一の場合又は家庭裁判所の審判を受け扶養義務者となった場合は、障害
者控除でいう扶養義務者に該当します。さらに未成年者であるＥについ
ても、未成年者であることで排除される規定はないため、扶養義務者に

該当し、Ｃの相続税額から控除できなかった障害者控除額を控除することができます。

　次に、未成年者であるＥの場合は、まず、無条件で兄弟であるＤが該当します。また、Ａ、Ｂ、ＣはＥの３親等親族ですので、生計一の場合又は家庭裁判所の審判を受け扶養義務者となった場合は、扶養義務者に該当します。

　未成年者や障害者の本人から控除できない未成年者控除額等を控除することができる扶養義務者が２人以上ある場合、控除額をどのように配分するか疑問が生じます。これについては、政令により、次のように決められています（相令４の３・４の４③）。

ア　扶養義務者の全員が、協議によりその全員が控除を受けることができる金額の総額を各人ごとに配分してそれぞれその控除を受ける金額を定め、その控除を受ける金額を記載した相続税の申告書（期限後申告書を含みます）を提出した場合

　　……　これらの申告書に記載した金額

イ　ア以外の場合

　　……　扶養義務者の全員が控除を受けることができる金額の総額を、各人が相続又は遺贈により取得した財産の価額について、各相続人等の相続税額、２割加算、３年以内贈与、配偶者の税額軽減（障害者控除の場合は、これに加えて未成年者控除）までの規定を適用した金額により按分して計算した金額

　ここで気をつけるのは、未成年者や障害者でいう扶養義務者に該当する者が複数人いる場合には、必ず全員の合意により、控除割合を決めることであり、これは債務控除の場合と同様の注意点となります。

不動産の相続

1 共　有

　兄弟姉妹相続の場合、特に甥姪相続となった場合はどうしても相続人間の距離が離れており、遺産分割の手続きがなかなか進まない場合もあります。相続財産の中に不動産がある場合については、その不動産を取得したい者が、下記に述べる代償財産を用意できない場合、取得したい者が複数名いる場合等もあります。

　どうしても話がまとまらないときは、とりあえず、共同相続人で共有にすることもありますが、相続税の評価をする際は、相続人ごとの評価となりますので、その共有地全体の価額に共有持分の割合を乗じて、各人の持分の価額を算出します。

　その後共有関係を解消するために土地を分筆した場合に、持ち分に応ずる現物分割となるならば、その分割による土地の譲渡はなかったものとして取り扱われます（所基通33-1の6）。その際、分割されたそれぞれの土地の面積の比と共有持分の割合とが異なる場合であっても、その分割後のそれぞれの土地の価額の比が共有持分の割合におおむね等しいときは、その分割はその共有持分に応ずる現物分割に相当するとされています（同通達（注）2）。

　なお、共有関係の解消が整わない場合には、共有持分の買取業者への譲渡という手段や共有物分割訴訟という手段にでることもあります。裁判による場合は、①現物分割、②競売（売却代金を分配する）、③価格賠償による分割（1人の所有物として、ほかの共有者には金銭が支払われる）のいずれかの判断がなされ、②、③の場合は、譲渡所得の課税関係が生じてきます。

2　小規模宅地等の減額特例

　小規模宅地等の特例は、個人が、相続又は遺贈により取得した財産の
うち、その相続の開始の直前において被相続人等の事業の用に供されて
いた宅地等又は被相続人等の居住の用に供されていた宅地等のうち、一
定の選択をしたもので限度面積までの部分（以下「小規模宅地等」といいま
す）については、一定の割合を減額して相続税の課税価格とするもので
す（措法69の4）。

　ここで、被相続人等とは、被相続人又は被相続人と生計を一にしてい
た被相続人の親族をいい、宅地等とは、土地又は土地の上に存する権利
（たとえば借地権）で、一定の建物又は構築物の敷地の用に供されている
ものをいいます。

相続開始の直前における宅地等の利用区分		要　件	限度面積	減額割合
被相続人等の事業の用に供されていた宅地等				
	貸付事業以外の事業用の宅地等 (措法69の4③一)	①特定事業用宅地等に該当する宅地等	400m²	80%
	貸付事業用の宅地等			
	一定の法人に貸し付けられ、その法人の事業(貸付事業を除く)用の宅地等 (措法69の4③三)	②特定同族会社事業用宅地等に該当する宅地等	400m²	80%
		③貸付事業用宅地等に該当する宅地等	200m²	50%
	一定の法人に貸し付けられ、その法人の貸付事業用の宅地等 (措法69の4③四)	④貸付事業用宅地等に該当する宅地等	200m²	50%
	被相続人等の貸付事業用の宅地等 (措法69の4③四)	⑤貸付事業用宅地等に該当する宅地等	200m²	50%
被相続人等の居住の用に供されていた宅地等 (措法69の4③二)		⑥特定居住用宅地等に該当する宅地等	330m²	80%

(注)　1　「貸付事業」とは、「不動産貸付業」、「駐車場業」、「自転車駐車場業」及び事業と称するに至らない不動産の貸付けその他これに類する行為で相当の対価を得て継続的に行う「準事業」をいいます(以下同じです。)。

　　　2　「一定の法人」とは、相続開始の直前において被相続人及び被相続人の親族等が法人の発行済株式の総数又は出資の総額の50%超を有している場合におけるその法人(相続税の申告期限において清算中の法人を除きます。)をいいます。

　　　3　特例の適用を選択する宅地等が以下のいずれに該当するかに応じて、限度面積を判定します。

　　　　貸付事業用宅地等がない場合：(①＋②)≦400m²、⑥≦330m²
　　　　　　　　　　　　　　　両方選択の場合は合計730m²
　　　　貸付事業用宅地等がある場合：(①＋②)×200/400＋⑥×200/330＋
　　　　　　　　　　　　　　　(③＋④＋⑤)≦200m²

上記の特定居住用宅地等の要件は次のようになります。

宅地等の区分	取得者の区分
被相続人の居住の用に供されていた宅地等	・被相続人の配偶者 ・被相続人と同居していた親族で一定の要件を満たすもの ・被相続人と同居していない親族で一定の要件を満たすもの（いわゆる「家なき子」）
被相続人と生計を一にする被相続人の親族の居住の用に供されていた宅地等	・被相続人の配偶者 ・被相続人と生計を一にしていた親族で一定の要件を満たすもの

　兄弟姉妹相続において、もっとも適用可能性が高いものは上記のうち「家なき子」の特例です。この「家なき子」は、「持ち家に居住していない者」という意味です。「家なき子」について特例の適用が認められているのは、転勤などで亡き親の家に住むことができない子についても、生家に戻れる状況になったときに住むことができるよう、手当てされたものといわれています。

　この「家なき子」の要件は平成30年度税制改正により変更になっていますので注意が必要です。現在の要件は次の通りです。

「家なき子」の要件

被相続人が単身	
被相続人に同居親族がいないこと	
相続開始前 ３年以内居住家屋	自己の所有でないこと 自己の配偶者の所有でないこと その相続人の３親等内の親族の所有でないこと その相続人と特別の関係がある法人の所有でないこと その相続人居住家屋が過去に所有していたものでないこと

　甥姪相続の場合は特に適用可能性がありそうですので確認する必要があります。その不動産について、相続後の居住要件や保有要件は付されていませんので、代償分割の際にも利用できます。

3 換価分割と代償分割

　兄弟姉妹相続において、相続人が不動産を保有していた場合、その不動産の処分の問題がでてくることがあります。例えばそれが被相続人の居住用不動産である場合、離れて暮らす相続人にとって、それを必要とすることはあまりないからです。また、収益物件である不動産であっても、維持していく手間を考えたら保有することに二の足を踏むことがあります。まして山林等であれば、維持費がかかるばかりで、保有したくないものとして、相続人皆が敬遠するかもしれません。

　ここでは、そのような不動産の処分と税務上の問題点を取り上げていきます。

❶ 不動産である遺産の分割方法

　遺産分割の方法には、現物分割、換価分割、そして代償分割があります。

　このうち、もっとも一般的な方法は、現物分割です。不動産が複数ある場合などは、A物件は長兄、B物件は次兄などとして分ければいいのですが、A物件、B物件の価値がそれぞれ異なる場合や、誰も保有していくつもりのない不動産がある場合は、あまり適当とはいえません。

　次に換価分割は、不要な不動産を現金化して均等に分ける方法であり、すべての相続人にもっとも平等な方法です。しかし、実務においてはいろいろな問題点があります。

　最後に代償分割です。相続人のうち、特定の資産が欲しい者がその資産を取得し、その代わりその相続人が、自己の資産から他の相続人に対

して相応の金銭などを提供する方法です。例えば、相続人の１人が遺産である住宅を相続する代わりに、もう１人の相続人に代償金として2,000万円を支払うという方法です。また、誰も取得したくない不動産がある場合であっても、代償分割の方法を選択する場合があります。

❷ 換価分割の手続き

換価分割をする場合には、次のような手続きを経て行います。

(1) 相続登記

相続不動産を譲渡するためには、まずそれを相続登記しなければなりません。換価分割における登記方法として、次の２つの方法があります。

a　法定相続分により相続人に分配する場合

共同相続登記とは、共同相続人が法定相続分通りに相続登記をすることを言います。通常、登記申請は所有者となる者が全員で登記申請をすることになりますが、共同相続登記の場合は、共同相続人の中の１人が全員のために申請することができ、遺産分割協議書も必要としません。なぜなら、人が死んだ瞬間の状態を共同相続といい、共同相続人が法定相続分の割合により遺産を共有していることになるので、その事実関係のままに登記することは、現状を変更することにはならないからです。したがって、共同相続登記のみの場合は、その不動産が遺産分割協議済みか否かは判然としません。

もし、とりあえず、譲渡の前手続きとして、共同相続登記をしてみたものの、やはり、法定相続分と異なる割合にしたい場合は、遺産分割協議書が必要となります。このような相続登記の目的は「○○持分全部移転」となり、登記原因は「○年○月○日遺産分割」となります。

もっとも、当初の換価分割とするという方針に変化はなく、単に換価代金の分配額を変えたいだけならば、換価後の譲渡益の分配につい

ての遺産分割協議をすればいいわけですので、わざわざ登記をし直す必要はありません。

b　法定相続分と異なる割合により分配する場合

　相続財産を換価することによって得た現金を、どのような割合で分配するのかを記載した遺産分割協議書を添付して、登記申請を行います。

　この場合に、売却益の分配割合と不動産の共有持分割合を合致させて登記をする方法もありますが、不動産譲渡の手続きを1人の人に任せたい等の要望から、登記上の所有者はその手続きを行う相続人1人とすることもあります。

　そのような事例について、国税庁のホームページに「遺産の換価分割のための相続登記と贈与税」という照会事例が掲載されています。

【照会要旨】

　遺産分割の調停により換価分割をすることになりました。ところで、換価の都合上、共同相続人のうち1人の名義に相続登記をしたうえで換価し、その後において、換価代金を分配することとしました。

　この場合、贈与税の課税が問題になりますか。

【回答要旨】

　共同相続人のうちの1人の名義で相続登記をしたことが、単に換価のための便宜のものであり、その代金が、分割に関する調停の内容に従って実際に分配される場合には、贈与税の課税が問題になることはありません。

【関係法令通達】

相続税法第1条の4

　上記は、遺産分割調停の事例ですが、そうでない場合でも、「共同相続人のうちの1人の名義で相続登記をしたことが、単に換価のための

便宜のもの」ということが立証できれば、遺産分割のやり直しであり、新たな課税関係を発生させるものであると認定されることはありません。例えば、「相続人Aが単独で相続登記をした上で、該当不動産を売却し、その売却益を相続人A、同B、同C及び同Dで折半する」といった取り決めを遺産分割協議書に明記のうえ、登記手続きをすることなどが考えられます。

⑵　不動産の譲渡と譲渡所得課税

共有名義となっている不動産を売却する場合、その契約等は共有者全員の合意で行わなければならず、売却条件の変更などにも迅速に対応しがたいということになります。そこで、上記のように、仲介業者などから、相続人の1人の名義で相続登記の上、その者が取引の主体となるよう要請されることがあります。その場合は、上記のように、相続人間ではあくまでも換価分割であることを確認しておく必要がありますが、換価後の売却益の分割が、なかなか決まらないことも考えられます。

国税庁のホームページには、「未分割遺産を換価したことによる譲渡所得の申告とその後分割が確定したことによる更正の請求、修正申告等」という照会事例が掲載されています。

【照会要旨】

　相続財産のうち分割が確定していない土地を換価した場合の譲渡所得の申告はどのように行えばよいですか。

　また、仮に、法定相続分に応じて申告した後、遺産分割により換価遺産（又は代金）の取得割合が確定した場合には、そのことを理由として更正の請求又は修正申告書の提出をすることができますか。

【回答要旨】

　遺産分割の一形態である換価分割には、換価時に換価代金の取得割合が確定しているものと、確定しておらず後日分割されるものとがあります。

1　換価時に換価代金の取得割合が確定している場合

　この場合には、ⅰ）換価代金を後日遺産分割の対象に含める合意をするなどの特別の事情がないため相続人が各法定相続分に応じて換価代金を取得することとなる場合と、ⅱ）あらかじめ換価時までに換価代金の取得割合を定めている（分割済）場合とがあります。

　ⅰ）の場合は、各相続人が換価遺産に有する所有割合である法定相続分で換価したのですから、その譲渡所得は、所有割合（＝法定相続分）に応じて申告することとなります。

　ⅱ）の場合は、換価代金の取得割合を定めることは、換価遺産の所有割合について換価代金の取得割合と同じ割合とすることを定めることにほかならず、各相続人は換価代金の取得割合と同じ所有割合で換価したのですから、その譲渡所得は、換価遺産の所有割合（＝換価代金の取得割合）に応じて申告することになります。

2　換価時に換価代金の取得割合が確定しておらず、後日分割される場合

　遺産分割審判における換価分割の場合や換価代金を遺産分割の対象に含める合意をするなど特別の事情がある場合に、換価後に換価代金を分割したとしても、ⅰ）譲渡所得に対する課税はその資産が所有者の手を離れて他に移転するのを機会にこれを清算して課税するものであり、その収入すべき時期は、資産の引渡しがあった日によるものとされていること、ⅱ）相続人が数人あるときは、相続財産はその共有に属し、その共有状態にある遺産を共同相続人が換価した事実が無くなるものではないこと、ⅲ）遺産分割の対象は換価した遺産ではなく、換価により得た代金であることから、譲渡所得は換価時における換価遺産の所有割合（＝法定相続分）により申告することになります。

　ただし、所得税の確定申告期限までに換価代金が分割され、共同相続人の全員が換価代金の取得割合に基づき譲渡所得の申告をした場合には、その申告は認められます。

　しかし、申告期限までに換価代金の分割が行われていない場合には、法定相続分により申告することとなりますが、法定相続分により申告した後にその換価代金が分割されたとしても、法定相続分による譲渡に異動が生じるものではありませんから、更正の請求等をすることはできません。

【関係法令通達】

　国税通則法第23条第2項

　この照会事例の各々のケースを図示すると下の図のようになります。そして、この事例のポイントは、次の2つです。

a　譲渡所得に対する課税はその資産が所有者の手を離れて他に移転するのを機会にこれを清算して課税するものであり、その収入すべき時期は、資産の引渡しがあった日によるものとされていること

b　遺産分割の効果は、分割前の所得の申告時期前であれば遡及適用が認められること

　aについては所得税基本通達36-12（山林所得又は譲渡所得の総収入金額の収入すべき時期）にあります。しかしbについては、その根拠は明示されていません。これについて、次に紹介する裁判例にその理由が述べられています。

●換価時に換価代金の取得割合が確定している場合

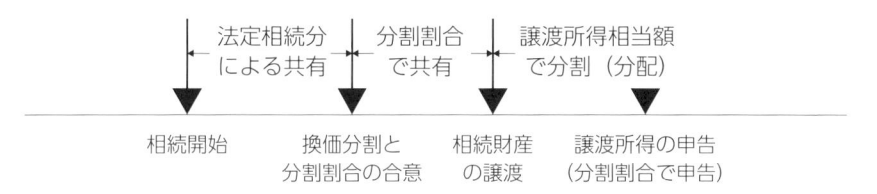

●換価時に換価代金の取得割合が確定しておらず、後日分割される場合

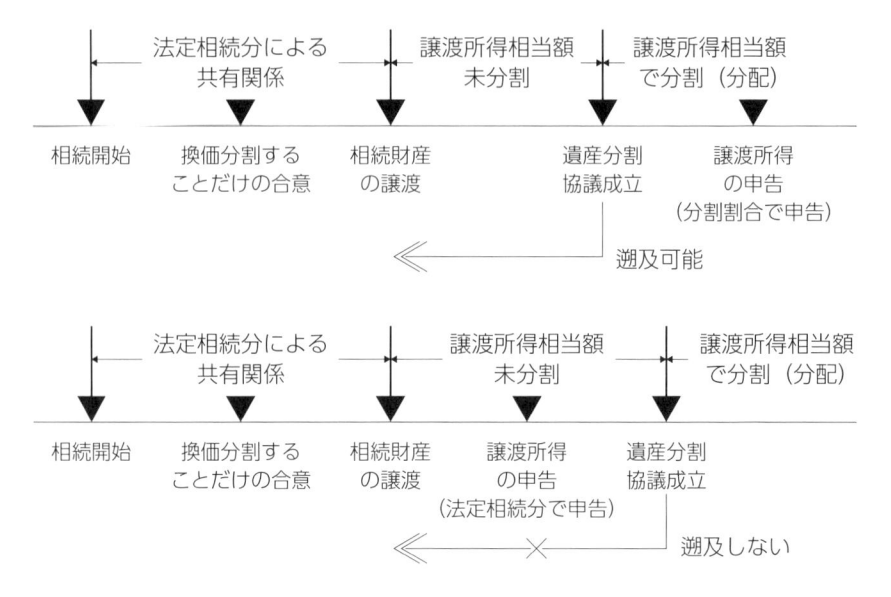

　それは、遺産分割審判における中間処分において、遺産（土地）を換価（競売）して、その換価代金を分割することとされ、換価（平成18年３月）後の遺産分割審判（平成19年９月）で換価代金の分配が確定した場合の遺産換価に係る譲渡所得の課税関係が争われたものです。事実関係は次の通りです。

●東京高判平23.9.21・Z261-11770、千葉地判平23.2.18・Z261-11615

　Ｘ（納税者）の母Ａ（平成20年６月死亡）は、昭和53年９月に死亡した被相続人の共同相続人（以下「本件関係相続人ら」という）のうちの１人です。本件関係相続人ら間において遺産分割協議が調わなかったことから、家庭裁判所に遺産分割調停が申し立てられ、調停不成立により、審判に移行しました。第１回審判期日（平成16年10月）において、Ｘ（Ａの代理人）が、Ａは自己の相続分を他の相続人全員へ譲渡したいと述べ、第

２回審判期日（平成16年11月）において、家庭裁判所は、中間処分として、遺産である土地（以下「本件土地」という）の換価（競売）を命じました。競売の結果、訴外会社が本件土地を落札し、代金が納付されました（平成18年３月）。そして、第３回審判期日（平成18年９月）において、Ｘは、本件土地の換価代金は、土地の遺贈（特別受益）を受けているＡらを除いた本件関係相続人らで相続分に応じ平等に取得することに合意する旨述べました。そこで、家庭裁判所は次のとおり審判しました（平成19年９月）。

　　a　Ａは、遺産を取得しないこと。これは、Ａが、被相続人から特別受益を受けており、特別受益額が相続分を超えているとされたためである。

　　b　特別受益を受けたＡらを除く本件関係相続人らは、本件土地の換価代金につき、各自の具体的相続分を基に計算した金額を取得すること。

　Ｙ（課税庁）は、本件土地（法定相続分）の競売による譲渡所得が無申告であるとして、Ａに対し、平成18年分所得税の決定処分及び無申告加算税の賦課決定処分を行ったところ、Ｘ（Ａの納税義務承継人）は、これを不服として適法な不服申立てを経て、本訴を提起しました。

　この裁判における判決要旨は次の通りです。

　譲渡所得課税の趣旨及び所得税は収入の原因たる権利が確定的に発生した時点で所得の実現があったものとして、同権利発生時の属する年度の課税所得を計算すべきものとされていることからすると、本件売却により増加益が発生しているものであり、その時点で共有持分を有していたＡに増加益が発生したものというべきである。

　Ｘは、Ａは被相続人の生前に多額の特別受益を得ていることから、Ａに具体的相続分はなく、遺産の相続分や共有持分は中身のない名目ないし名義のみでしかない旨主張するが、具体的相続分は、遺産分割手続における分配の前提となるべき計算上の価額又はその価額の遺産の総額に対する割合を意味するものであって、それ自体が実体法上の権利関係であるとは

認められない（最高裁平成12年2月24日第一小法廷判決参照）。すなわち、遺産分割によって初めて具体的相続分の有無及び割合が確定するのであるから、そこにおいて具体的相続分がゼロとなった者についても、遺産分割前の時点では、その者の有する権利がゼロと確定しているわけではなく、遺産分割前に特定の財産を譲渡する場合においては、法定相続分を有する相続人全員において、法定相続分の割合に基づく共有持分権を譲渡することになり、民法909条但書の趣旨に照らして、遺産の共有持分は名目や名義だけというものではない。

　この事例では納税者は、特別受益があり、具体的相続分がゼロとされました。しかし、換価分割のため未分割遺産を売却した際の増加益（譲渡所得）は、換価代金を取得しない納税者にも帰属するとされました。納税者は、遺産分割の遡及効により、相続開始の時から被相続人の遺産の換価代金につき持分を有していなかったことになると主張しましたが、遺産分割がなされるまでの間に、遺産につき共有の状態があり、売却されたという事実を覆すことはできないとされました。

　また、未分割遺産を換価した場合に、申告期限までであれば、換価代金の取得割合に基づいて申告することを認めるが、申告期限後は換価代金の取得割合に基づく更正の請求を認めないとの課税庁の取扱いは合理的理由がないと納税者は主張しましたが、ⅰ）換価直後に換価代金の分割割合が定まったときなどは、実質的には換価時において換価代金の取得割合が確定していた場合と同視し得ること、ⅱ）換価時に換価代金の分割方法が確定していても、換価後に遺産分割協議書等を作成する場合があることから、申告期限までに生じた事由の下で実際の取得割合に基づいた申告を許容する取扱いをすることも、課税実務上特段の弊害がない範囲で納税者にとっての便宜を図るものとして一定の合理性があり、他方で、申告期限後の更正の請求までを認めることについては、所得税の納税義務の成立時期（国通法15②一）との関係が問題となることなどを

考慮すると、これを認めないことが上記取扱いとの関係で不均衡であると考えるには足りないとされました。

　つまり、換価時期と分割割合決定時期との期間の短さと納税義務の成立時期とを勘案して、課税実務上特段の弊害がない範囲で納税者にとっての便宜を図った措置であるということのようです。

　なお、譲渡所得の計算自体の特徴としては、次のものがありますので留意して下さい。

　・相続人ごとに譲渡所得税が課税されること
　・取得費、取得時期を引き継ぐこと
　・相続税額の取得費加算の特例の適用があること（措法39）
　・取得費加算と選択で要件を満たせば空き家控除の特例の適用があること（措法35）
　・要件を満たせば居住用財産の特別控除等の適用があること（措法35・31の３）

(3)　**相続税の申告**

　換価分割の場合であっても、相続税の課税価格に算入する金額は、換価する相続財産の相続税評価額となります。そして、申告時期にすでに遺産分割済みであれば、その分割割合で、分割未了の場合は未分割財産として法定相続分にて申告することとなります。

❸ **換価分割のメリット・デメリット**

　相続財産の中に、相続人の全員が取得を希望しない財産がある場合に、換価分割とするメリットは、やはり、財産を現金化するため相続人同士明確な遺産分割ができ、トラブルになりにくいところにあります。また、相続税納税資金を捻出する場合などに換価分割は効力を発揮します。

　しかし、高額な生前贈与を受けるなどの特別受益があり、最終的に相続分が発生しない相続人などは、未分割状態のまま換価すると、譲渡所

得税のみ負担することとなりますし、売却時期・売却価格・仲介手数料などの費用負担については、相続人全員の合意が必要となり手間がかかること、買い手がつかない場合、全員の不良資産となること等のデメリットもあります。

❹ 代償分割による場合

　換価分割の方法を取ると、相続人全員がその不動産の処分の手続きに関わらなければならないことから、その不動産を相続人の1人が引き受けて、その代わりに、譲渡所得相当額を相続人全員で頭割りし、それぞれに代償金として支払う方法によることがあります。

　これが代償分割です。「代償分割」とは、このように共同相続人又は包括受遺者のうち1人又は数人が相続又は包括遺贈により取得した財産の現物を取得し、その現物を取得した者が他の共同相続人又は包括受遺者に対して債務を負担する分割の方法をいいます（相基通11の2-9注書き）。この方法により遺産分割をすることの根拠として、家事審判規則109条に、「家庭裁判所は、特別の事由があると認めるときは、遺産の分割の方法として、共同相続人の1人又は数人に他の共同相続人に対し債務を負担させて、現物をもつてする分割に代えることができる。」というものがあります。

　ここで、取得する現物の財産を「代償財産」といい、他の相続人に対し、代償財産を取得した相続人が負う、自身の財産を引き渡す債務を代償債務といいます。

　代償分割の方法に依る場合は、その旨遺産分割協議書に明記することにより、他の相続人に対する自己の資産の引渡しが、遺産分割の手続きにおける代償債務の精算であることが明確になります。具体的には、次のように記載します。

　「相続人Aは、遺産のほとんどを取得する代償として、相続人Bに対して、金壱千万円を（元号）○年○月○日までに支払うものとする。」

　相続財産である不動産をひとまず代償分割により、相続人の１人に取得させ、その不動産についての譲渡所得税を控除後の譲渡所得相当額の頭割り分を代償財産としたい場合、相続税の申告期限までに売買契約が成立するなどして具体的な金額が決まっていなければ、下記に述べるように相続税の計算ができないこととなります。その場合に、見込額で申告したとしても、後からの修正は国税通則法23条２項の要件を満たすことは難しいと考えられ、確定額で申告したいのであれば、その不動産については未分割として申告せざるを得ないと考えられます。

❺ 代償分割による場合の相続税の申告

(1)　課税価格の計算

　代償分割をした場合の相続税の課税価格の計算は次のようになります（相基通11の２-９）。

- ・代償財産を交付した人の課税価格

   相続又は遺贈により取得した現物の財産の価額－交付した代償財産の価額

- ・代償財産の交付を受けた人の課税価格

   相続又は遺贈により取得した現物の財産の価額＋交付を受けた代償財産の価額

例：相続人甲が、相続により土地（相続税評価額4,000万円、代償分割時の時価5,000万円）を取得する代わりに、相続人乙に対し現金2,000万円を支払った場合

　　甲の課税価格：4,000万円－2,000万円＝2,000万円

　　乙の課税価格：2,000万円

(2)　代償財産の価額

　上記の代償財産の価額は次のようにされています（相基通11の２-10）。

　a　原則

　　　代償財産の価額＝代償債務の相続開始時の時価

　b　代償分割の対象となった財産が特定され、かつ、代償債務の額が

　　その財産の代償分割の時における通常の取引価額を基として決定さ

　　れている場合

　　　代償財産の価額

$$= \quad 代償債務の額 \quad \times \quad \frac{代償財産の相続税評価額}{代償財産の代償分割の時における価額}$$

　c　共同相続人及び包括受遺者の全員の協議に基づいて、ｂで説明し

　　た方法に準じた方法又は他の合理的と認められる方法により代償財

　　産の額を計算して申告する場合

　　　代償財産の価額＝その申告した額

例：代償財産（現金2,000万円）の額が、相続財産である土地の代償分割時

　　の時価5,000万円を基に決定された場合

　　　甲の課税価格：4,000万円－｜2,000万円×（4,000万円

　　　　　　　　　　　　　÷5,000万円）｜＝2,400万円

　　　乙の課税価格：2,000万円×（4,000万円÷5,000万円）

　　　　　　　　　　　＝1,600万円

❻ 代償分割により現物資産を交付した場合

　代償分割により代償分割者の保有資産を交付した場合、その交付した
資産について譲渡所得の課税関係が生じることとなります。

(1)　交付した者（代償分割者）の課税関係

　遺産の代償分割により自己が保有する現物資産を交付する場合に、そ
の資産を交付した者は、その交付をした時においてその時の価額により
その資産を譲渡したこととなります（所基通33-1の5）。

　この「その時の価額」、つまり時価について、それをどのように算定するかという疑問が生じます。平成16年12月8日裁決は、代償財産が土地の場合に、土地の評価額の算定方法について争われたものです。

●平16. 12. 8裁決・裁決事例集第68集92頁

　請求人は、被相続人から資産と負債の全部を相続し、その代償として、他の相続人3名のうち2名に対しては金銭を支払い、残りの1名に対しては請求人が所有する土地（本件土地）の交付を行いました。

　本件土地に対し、請求人は路線価を基に、他の相続人への金銭債務の支払額等を考慮した評価（評価額1,200万円）で譲渡所得の申告を行いましたが、これに対し原処分庁は公示価格と基準地価格に基づいた評価（評価額約1,980万円）を計算し、更正処分等をしました。

　審判所は、請求人の行った路線価を基に土地の価額を算定したことについて、客観的な時価を求める場合において合理的な根拠を欠くものとした一方、原処分庁が採用した公示価格と基準地価格に基づく評価は、用途地域や建ぺい率等が本件土地と異なっていることから合理性を欠くもので、いずれも時価であるということはできないとし、審判所で評価額の算定を行い、取引事例比較法等を利用して価額を計算すると、本件更正処分の額を上回ったため（評価額約2,030万円）、本件更正処分は適法としました。

　審判所で採用した取引事例比較法等による評価は、次のように行われました。

　本件土地の近隣において、いずれも平成12年から平成13年中に行われた、取引内容が明確で、かつ、取引に関する資料の正確性が確保されている4件の宅地の売買取引事例を選定。各取引事例の1平方メートル当たりの取引価額は、それぞれ8万1,624円、9万702円、8万8,746円及び9万8,265円。

　これに、審判所においても相当と認められる不動産鑑定評価基準及び土地価格比準表（国土交通省から通達された土地価格評価事務のための一般的な比準方法を定めたもの）等を参考として、不動産鑑定評価における取

> 引事例比較法と同様の手法により、各種補正を行って本件譲渡の時におけ
> る本件土地の1平方メートル当たりの価額を試算。試算後の価額は、そ
> れぞれ8万1,529円、9万2,462円、9万27円及び9万3,997円。これ
> らの試算価額を平均すると8万9,500円（100円未満切捨て）となり、こ
> の価額をもって、本件譲渡の時における本件土地の1平方メートル当た
> りの価額であると認定。
>
> 　この基準地価格に基づき、同様に本件土地の1平方メートル当たりの
> 価額を算定すると、9万9,892円となり、8万9,500円はこれを下回るこ
> とから、8万9,500円に本件土地の地積227平方メートルを乗じた価額
> 2,031万6,500円をもって、本件譲渡の時における本件土地の価額と認定。

　路線価による評価額はあくまでも相続税評価額であり、譲渡所得でい
う時価とは同じであるとはいえないため、取引事例比較法等によりその
価額を試算し、より時価に近づけることが必要となりそうです。

(2)　取得した者（代償取得者）の課税関係

a　代償分割により取得した資産の取得費

　代償分割により債務を負担した者から、その債務の履行として代償
取得者が取得した資産は、その履行があった時においてその時の価額
により取得したこととなります（所基通38-7（2））。これは、上述の代
償分割者の課税関係（所基通33-1の5）と表裏一体をなすものです。

b　代償分割があった場合の非上場株式等についての相続税の納税猶予の特例関係

　事業承継税制を適用し、相続税の納税猶予を受ける場合に、遺産の
分割に当たり、遺産の代償として取得した他の共同相続人の所有に属
する非上場株式等は、被相続人が相続の開始の直前に有していたもの
ではないので、措置法70条の7の2第1項の規定による納税猶予の対

象となる非上場株式等に該当しません（措通70の７の２-４（代償分割により取得をした非上場株式等についての相続税の納税猶予及び免除の不適用））。

　相続において措置法70条の７の２第１項 の規定の適用を受けることができる非上場株式等は、原則として相続又は遺贈により被相続人から取得したものに限られています（同通達70の７の２-３参照）。

　兄弟姉妹相続の場合であっても、被相続人が事業を営んでいた場合は、この特例を利用しようということがありえます。しかし、代償財産として取得した非上場株式等は、被相続人から直接相続又は遺贈によって取得したものでないことから、その取得した非上場株式等は同項の適用対象とはならないことに留意する必要があります。

　もっとも、平成30年の事業承継税制の改正により、複数の者からの非上場株式の贈与又は相続について納税猶予制度が適用できることとなりましたので、他の共同相続人が所有する非上場株式については、一定の要件を満たせば、その相続に追随する贈与として事業承継税制の適用を受けることができます（措法70の７の①・70の７の６①、措令40の８の２①・40の８の６①）。

❼ 処分予定の相続財産を換価分割ではなく代償分割とした場合の譲渡所得の取得費

代償分割と換価分割では次のような差が出てくることとなります。

	代償分割	換価分割
遺産の帰属	代償分割義務者のみ	共同相続人全員
遺産を譲渡した場合の譲渡所得税	代償分割義務者のみ	共同相続人全員

　代償分割により負担した債務に相当する金額は、その債務を負担した者がその代償分割に係る相続により取得した資産の取得費には算入されません（所基通38-7（１））。その理由として、遺産の代償分割により負担

した代償債務の額は、相続税の課税価格の計算上控除されていることがあげられています。

　平成9年12月15日裁決は、相続により取得した資産を譲渡した際の譲渡所得に係る取得費の認定を行ったものですが、譲渡資産は、換価分割により取得したものではなく、代償分割により取得したものであるから、他の相続人に支払った代償金は譲渡所得の計算における取得費には該当しないとしたものです。

> **●平9.12.15裁決・裁決事例集第54集210頁**
>
> 　請求人は、譲渡資産は、家庭裁判所の調停案のとおり、他の相続人らが相続し、これを直ちに請求人が6,000万円で買い取る旨の遺産分割の合意を見るに至ったものであるから、他の相続人らからの取得額6,000万円を本件譲渡所得における取得価額とすべきであると主張しました。
>
> 　これに対し、審判所は、上記の調停案は請求人が提案したものにすぎず、他の相続人らは一貫して金銭による分割を要求していたことからも係る調停案に合意していたとは認められないとし、最終調停期日に作成された調停調書によれば、請求人は、被相続人の遺産のすべてを単独取得し、その代償として他の相続人らに対し、6,000万円の支払義務があることを認める旨の調停が成立したことが認められるのであるから、請求人の本件遺産分割が換価分割であるとの主張は採用できず、代償分割によるものであるとして、譲渡所得の金額の計算上、本件代償金6,000万円を取得費の額に算入しなかった原処分は相当であるとしました。なおこの裁決について、その後裁判となっていますが、原処分は取り消されていません（東京高判平12.9.27・Z248-8726、東京地判平12.4.21・Z247-8640）。

　代償分割は、見ようによっては、代償金を対価に遺産である土地等を取得したようにも見えます。しかし、上記の請求人の主張の通りだとすると、被相続人がその土地を保有していた間に生じた値上がり益に対する課税は、相続人全員又は他の相続人らが負担しなければならないものとなります。遺産である土地等を処分するつもりであれば、含み益に対

する課税をどのように負担するかを含めて検討しなければならないことに留意する必要があります。

　なお、代償分割の対象となった相続取得財産を譲渡した場合の取得費加算特例の適用については、後述いたします。

❽ 代償分割を合意解除した場合

　兄弟姉妹相続に限らず、遺産分割協議に係る代償債務の不履行を理由に当初の協議を合意解除した場合に更正の請求事由に該当するだろうかという疑問があります。そのような事例として、大阪高裁平成27年3月6日判決があります。

●大阪高判平27. 3. 6・Z265-12622、大阪地判平26.2.20・Z264-12413

　被相続人の子であり相続人である納税者ら及びBの間で、Bが被相続人の全財産を相続し、その代償として、Bが相続したゴルフセンターの売却時、又は相続税の納付時のいずれか早い時に、納税者らに各5,000万円を支払う旨（代償債務）の遺産分割協議（平成6年協議）を成立させました。これに従い納税者らとBは相続税の申告をし、納税者らはそれぞれ1,815万4,500円の相続税を納付しました。

　ゴルフセンターは、分割協議から10年後の平成16年に売却できましたが、譲渡価額は予想の約半値であり、Bは代償債務を履行しませんでした。納税者らは代償債務が履行されず、さらにはBの相続税に係る連帯納付義務の履行を求められていたため、Bとの間で平成6年協議を解除し、代償財産を取得しない協議（平成22年協議）を成立させました。納税者らは、代償財産を取得しないことになったとし、更正の請求をしたが、原処分庁は更正をすべき理由がないとしたため争いとなりました。

　判決では、共同相続人間で遺産分割協議が成立した場合、相続人の1人がその協議で負担した債務を履行しなくても、他の相続人は民法541条によって当該協議を解除できないと解されること（法定解除）、合意解除

とするためのやむを得ない事情に該当しないことから、通則法23条２項３号に該当しないとし、また、相続税法32条１項１号（未分割遺産についての特例）にも該当しないとして、納税者らの主張を斥けました。

　法定解除についての民法規定では、541条に履行遅滞等による解除権として、「当事者の一方がその債務を履行しない場合において、相手方が相当の期間を定めてその履行の催告をし、その期間内に履行がないときは、相手方は、契約の解除をすることができる。」があり、また543条に履行不能による解除権として、「履行の全部又は一部が不能となったときは、債権者は、契約の解除をすることができる。ただし、その債務の不履行が債務者の責めに帰することができない事由によるものであるときは、この限りでない。」というものがあります。

　そして、遺産分割協議と債務不履行との関係について、以下のとおり判断を示した最高裁判決があります（平元.2.9・Z999-5011）。

　　共同相続人間において遺産分割協議が成立した場合に、相続人の１人が他の相続人に対して右協議において負担した債務を履行しないときであっても、他の相続人は民法541条によって右遺産分割協議を解除することができないと解するのが相当である。けだし、遺産分割はその性質上協議の成立とともに終了し、その後は右協議において右債務を負担した相続人とその債務を取得した相続人間の債権債務関係が残るだけと解すべきであり、しかも、このように解さなければ民法909条本文により遡及効を有する遺産の再分割を余儀なくされ、法的安定性が著しく害されることになるからである。以上と同旨の原審の判断は、正当として是認することができ、原判決に所論の違法はない。

　つまり、代償分割による代償債務が履行されない場合であっても、民法上、遺産分割協議を解除することはできないという結論となります。

　このような場合、納税者らはどうすればよかったのでしょうか。代償分割でなく、換価分割を選択すべきだったかもしれません。しかし、それでは分割協議がまとまらなかったとしたら、せめて解除条件を分割協議での合意に付けておけばよかったともいえます。また、合意解除するのでしたら、申告期限前にすべきでした。とはいえ、実際にそのような合意ができたかということにもなります。

　いずれにせよ、処分を予定している相続財産がある場合に、代償分割を選択するときには、相続財産を処分できなかったらどうするかということを考慮に入れる、あるいは覚悟をする必要があります。

❾ 代償分割とその他の留意点

(1)　代償分割と小規模宅地等の減額特例

　代償分割を行った結果、代償分割者の相続税の課税価格の計算において、取得財産の価額がマイナスとなることがあります。純資産価額、つまり、取得財産の価額と相続時精算課税適用財産の価額を加算した金額から債務及び葬式費用の金額を控除した金額がマイナスのときは、その金額はゼロとされます。

　取得財産の価額の段階でマイナスとなる原因として、上述した代償分割者の代償金等について調整計算をしなかったという計算ミスの他、小規模宅地等の減額特例を適用した場合、生前贈与財産を鑑みて代償分割した場合、そして、不合理分割による場合が考えられます。

　このうち、代償分割の対象となった財産が小規模宅地等の評価減の特例の適用対象財産である場合、負の取得財産である代償財産価額との間にアンバランスが生じ、代償分割者の取得財産の価額がマイナスとなることもあります。しかし、この場合においても、代償分割の対象となった財産の相続開始の時における相続税評価額と代償分割が行われた時における価額との間に差がある場合における代償分割から生ずる課税上の不合理な結果を是正するために、代償債務の額の圧縮を認めた相続税法

基本通達11の2-10（代償財産の価額）を準用し、代償財産の価額の圧縮を認めるのが合理的でしょう。

⑵　代償分割による債務の承継

　相続人の1人が被相続人から生前贈与を受けたため、被相続人の債務をすべて承継したとした場合にも、相続税の申告書上の純資産価額がマイナスとなるかもしれません。

　本来、被相続人の債務は法定相続分に応じ相続人が承継するとされています（可分債務の取扱い：最判昭29.4.8、最判昭30.5.31、最判平16.4.20等）。したがって、債務を負担しない相続人がいる場合は、実質的に代償分割を行ったものと整理できます。つまり、債務を負担しない相続人は、その分遺産分割において何らかの斟酌をされているというわけであり、特別受益分がある場合もあります。

　それによると、債務を負担しない相続人についても、債務を負担した相続人についても、債務控除ができるのは、法定相続分に応じる被相続人の債務相当額となり、債務を負担しない相続人の債務引受を免れたことによる利益は、代償取得財産として相続財産に加算されることになります（民法500・501）。

　しかし、現実には債務を負担した相続人が、承継した被相続人の債務を全額債務控除の対象として申告していると思います。しかしながら、上記の理屈では、引き受けた債務のうち、法定相続分は承継すべき被相続人の債務ですが、残りの債務は、他の相続人に対する債務となるはずです。つまり、債務控除ではなく、取得財産の価額をマイナスすべきものとなります。

　相続税の課税価格の計算では、取得財産の価額のマイナスや純資産価額のマイナスと生前贈与加算分を相殺できないこととなっていますが、債務控除の対象となるものは、相続・遺贈（相続税の課税上、相続・遺贈とみなされるものを含みます）により取得したものであるためです。

⑶　代償分割と延納

　被相続人の債務を、法定相続分を超えて引き受けた相続人がいる場合は、引き受けた債務のうち、法定相続分を超える部分の債務は、取得財産の価額をマイナスすべきものとなるという考え方で、影響を受けるのは延納の場合の利子税の適用税率です（相法38）。下記の図の通り、延納利子税の割合は、その人の相続税額の計算の基礎となった財産の価額の合計額のうちに占める不動産等の価額の割合によって変わってきます（措法70の10、70の11、93、措令40の11）。その人が相続で負う債務が、被相続人から承継したものであるか、その人が代償分割により負う他の相続人に対する債務であるかにより、この不動産等の価額の割合が変わってきます。そして、正しく代償債務を区別できれば、この不動産等の割合が大きくなり、利子税の割合が低くなります。

相続税の延納期間及び延納に係る利子

区　分	延納期間（最高）	延納利子税割合（年割合）	特例割合＊
不動産等の割合が75％以上の場合			
①動産等に係る延納相続税額	10年	5.4%	1.1%
②不動産等に係る延納相続税額（③を除く）	20年	3.6%	0.7%
③森林計画伐採立木の割合が20％以上の森林計画伐採立木に係る延納相続税額	20年	1.2%	0.2%
不動産等の割合が50％以上75％未満の場合			
④動産等に係る延納相続税額	10年	5.4%	1.1%
⑤不動産等に係る延納相続税額（⑥を除く）	15年	3.6%	0.7%
⑥森林計画伐採立木の割合が20％以上の森林計画伐採立木に係る延納相続税額	20年	1.2%	0.2%
不動産等の割合が50％未満の場合			
⑦一般の延納相続税額（⑧、⑨及び⑩を除く）	5年	6.0%	1.3%
⑧立木の割合が30％を超える場合の立木に係る延納相続税額（⑩を除く）	5年	4.8%	1.0%
⑨特別緑地保全地区内の土地に係る延納相続税額	5年	4.2%	0.9%
⑩森林計画伐採立木の割合が20％以上の森林計画伐採立木に係る延納相続税額	5年	1.2%	0.2%

＊平成30年1月1日現在の「延納特例基準割合」1.6％で計算

　例えば、被相続人：長兄、相続人：弟、甥で取得する相続財産を次とします。

相続人	不動産	現預金	計
弟	450	550	1,000
甥	0	500	500

承継する債務を500、弟が延納申請するとします。

ここで、債務のすべてを弟が承継するとして申告すると、不動産の割合は次のようになります。

不動産の割合：450÷1,000＝45％＜50％

そこで、債務を法定相続分に従い負担し、甥が負担した債務相当額を代償債務として弟が負担したとすると次のようになります。

不動産の割合：450÷（1,000 － 250）＝60％≧50％（50％以上75％未満）

前者の場合は、不動産等に係る延納相続税額に対する特例割合は1.3％ですが、後者の場合は0.7％となります。

⑷　代償分割と物納

物納に関しては、代償分割により取得した資産は、物納に充てることができるのであろうかという疑問があります。

相続税法41条2項では、「前項の規定による物納に充てることができる財産は、納税義務者の課税価格計算の基礎となった財産（当該財産により取得した財産を含み、第21条の9第3項の規定の適用を受ける財産を除く。）…」とあります。21条の9は相続時精算課税の選択についての規定ですので、ここでは関係ありません。ここで問題となるのは、「当該財産により取得した財産を含み」の部分です。

相続税法基本通達41-7では「当該財産により取得した財産」の意義と「当該財産を処分して取得した財産そのものをいう」としています。代償分割により取得した資産は、まさに相続分を処分して取得した財産となりますので、物納に充てることのできる財産に該当することになります。

⑸　死亡保険金と代償分割

　死亡保険金について、父母等を受取人として契約していたが、その後の状況の変化にもかかわらず、受取人の変更をしていなかったという例があります。そのような場合でも、生前その被相続人が、特定の人（例えば末妹）に対して、受取人とするような趣旨の話をしていたということがあります。そのような意思表示は有効性について、遺言により保険金受取人の変更は可能かということが争われた事案の最高裁判決があり、そこでは「保険金受取人の変更は、保険契約者の一方的意思表示によって効力が生じ、その意思表示は必ずしも保険者に対してであることを要せず、新旧受取人のいずれに対してもよく、これによって直ちに効力を生じ、保険者への通知は保険者に対する対抗要件にすぎない。」としています（最判昭62.10.29）。

　とはいえ、被相続人の意思表示が証明できない場合や相続人の協議により変更したい場合は代償分割を利用して、実質的に保険金の受取人を変更したのと同様の効果を生むことができます。

　具体的には、契約上の受取人について、生命保険金全額をみなし相続財産として相続財産に加算し、受取保険金を代償財産として相続財産から減算します。そして、受取人としたい相続人については、代償債務の対価として生命保険金相当額を受け取ることになります。

4 　不動産の譲渡

❶ 相続や贈与によって取得した土地・建物の取得費と取得の時期

　兄弟姉妹相続の場合、「換価分割と代償分割」でも取り上げたように、相続財産を譲渡した場合の課税関係が問題となります。

　譲渡所得の金額は、土地や建物を売った金額から取得費と譲渡費用を差し引いて計算します。取得費は、土地の場合、買い入れたときの購入

代金や購入手数料などの合計額であり、建物の場合は、購入代金などの合計額から減価償却費相当額を差し引いた額です。

　相続により取得した土地等について、これらを譲渡した場合の取得費は、死亡した人がその土地等を買い入れたときの購入代金や購入手数料などを基に計算します。それが業務用のものでない場合は、相続人が支払った登記費用や不動産取得税の金額も取得費に含まれます。

　取得費が分からない場合などには、取得費を売った金額の5％相当額として申告することとなりますので（所法33、38、措法31の4、措通31の4-1）、なるべく諸資料から取得費を算出することが重要となります。

　そして、これらの土地等の取得の時期は、死亡した人がその土地等を買い入れた日をそのまま相続により取得した人に引き継がれます。

相続によって取得した土地等の取得費と取得時期

所有期間

購入（被相続人A）
　購入価額：　1,000万円
　仲介手数料：　　36万円
　登記費用：　　　10万円
　不動産取得税：21万円
　　　計　　　1,067万円

相続（相続人B）
　登記費用：10万円

譲渡（相続人B）
　譲渡価額：　1,200万円
　譲渡費用：　　100万円

　Bの譲渡所得の計算

（収入金額）　　　　　　（取得費）　　　　　　（譲渡費用）　（譲渡益）
1,200万円 －（（1,067万円＋10万円）＋100万円）＝ 23万円

❷ 相続税の取得費加算

　相続により取得した土地、建物、株式などを、一定期間内に譲渡した場合に、相続税額のうち一定金額を譲渡資産の取得費に加算することができるという特例があります（措法39、措令25の16、措規18の18）。

⑴　特例を受けるための要件

　特例を受けるための要件は次のようになります。

　a　相続や遺贈により財産を取得した者であること。

　b　その財産を取得した人に相続税が課税されていること。

　c　その財産を、相続開始のあった日の翌日から相続税の申告期限の
　　翌日以後3年を経過する日までに譲渡していること。

⑵　取得費に加算する相続税額

　取得費に加算する相続税額は、相続又は遺贈の開始した日により、次
の算式で計算した金額となります。ただし、その金額がこの特例を適用
しないで計算した譲渡益（土地、建物、株式などを売った金額から取得費、
譲渡費用を差し引いて計算します）の金額を超える場合は、その譲渡益相
当額となります。なお、この計算は、譲渡した財産ごとに計算します。

＜算式＞

$$\text{その者の}\atop\text{相続税額} \times \frac{\text{その者の相続税の課税価格の計算の基礎とされたその譲渡した財産の価額}}{\text{その者の相続税の課税価格 + その者の債務控除額}} = {\text{取得費に}\atop\text{加算する}\atop\text{相続税額}}$$

⑶　この特例を受けるための手続き

　この特例を受けるためには、確定申告書に、ⅰ）相続税の申告書の写
し（第1表、第11表、第11の2表、第14表、第15表）、ⅱ）相続財産の取得
費に加算される相続税の計算明細書、ⅲ）譲渡所得の内訳書（確定申告書
付表兼計算明細書【土地・建物用】）や株式等に係る譲渡所得等の金額の計
算明細書などの添付が必要となります。

⑷　**代償金を支払って取得した相続財産を譲渡した場合の相続税額の取得費加算**

　代償金を支払って取得した相続財産を譲渡した場合における措置法39条の規定により譲渡資産の取得費に加算する相続税額については、次の算式により計算することとなります（措通39-7）。

＜算式＞

$$
\frac{\text{その者の相続税額} \times \left(\begin{array}{l} \text{その者の相続税の課税} \\ \text{価格の計算の基礎とさ} \\ \text{れたその譲渡した財産} \\ \text{の価額B} \end{array} - \text{支払代償金C} \times \dfrac{B}{A+C} \right)}{(\text{その者の相続税の課税価格} + \text{その者の債務控除額)\,A}} = \begin{array}{l}\text{取得費に}\\\text{加算する}\\\text{相続税額}\end{array}
$$

　上記の算式における支払代償金は、調整計算後の金額となります（相基通11の2-10）。

❸　空き家控除

　相続又は遺贈により取得した被相続人居住用家屋又は被相続人居住用家屋の敷地等を、平成28年4月1日から平成31年（2019年）12月31日までの間に売って、一定の要件に当てはまるときは、譲渡所得の金額から最高3,000万円まで控除することができるという特例があります（措法35、措令20の3、23、24の2、措規18の2）。

　いわゆる空き家控除ですが、兄弟姉妹相続の場合は、この特例を利用するケースも多いと思われます。なお、この空き家控除と相続税額の取得費加算特例は選択適用となります。

⑴　**適用対象となる被相続人居住用家屋**

　被相続人居住用家屋とは、相続の開始の直前において被相続人の居住の用に供されていた家屋で、次の3つの要件すべてに当てはまるもの（主として被相続人の居住の用に供されていた一の建築物に限ります）をいいます。

a　昭和56年５月31日以前に建築されたこと。

b　区分所有建物登記がされている建物でないこと。

c　相続の開始の直前において被相続人以外に居住をしていた人がいなかったこと。

(2)　適用対象となる被相続人居住用家屋の敷地等

被相続人居住用家屋の敷地等とは、相続の開始の直前において被相続人居住用家屋の敷地の用に供されていた土地又はその土地の上に存する権利をいいます。なお、相続の開始の直前においてその土地が用途上不可分の関係にある２以上の建築物（母屋と離れなど）のある一団の土地であった場合には、その土地のうち、その土地の面積にその２以上の建築物の床面積の合計のうちに一の建築物である被相続人居住用家屋（母屋）の床面積の占める割合を乗じて計算した面積に係る土地の部分に限ります。

(3)　特例を受けるための適用要件

特例を受けるための適用要件は次のとおりです。

a　売った人が、相続又は遺贈により被相続人居住用家屋及び被相続人居住用家屋の敷地等を取得したこと。

b　次のⅰ）又はⅱ）の売却をしたこと。

　ⅰ）相続又は遺贈により取得した被相続人居住用家屋を売るか、被相続人居住用家屋とともに被相続人居住用家屋の敷地等を売ること。

　　（注）　被相続人居住用家屋を売却する場合は、上記ア及びイの要件に加え、ⅰ　相続の時から譲渡の時まで事業の用、貸付けの用又は居住の用に供されていたことがないことと、ⅱ　譲渡の時において一定の耐震基準を満たすものであることという要件を満たす必

　　　　要があります。

ⅱ）相続又は遺贈により取得した被相続人居住用家屋の全部の取壊
　　し等をした後に被相続人居住用家屋の敷地等を売ること。

　（注）　被相続人居住用家屋を取り壊して売却する場合は、上記ア及びイの要件に加え、ⅰ　家屋について相続の時から取壊し等の時まで事業の用、貸付けの用又は居住の用に供されていたことがないこと、ⅱ　その敷地等について相続の時から譲渡の時まで事業の用、貸付けの用又は居住の用に供されていたことがないこと、ⅲ　取壊し等の時から譲渡の時まで建物又は構築物の敷地の用に供されていたことがないこと。

c　相続の開始があった日から３年目の年の12月31日までに売ること。

d　売却代金が１億円以下であること。

　この特例の適用を受ける被相続人居住用家屋と一体として利用していた部分を別途分割して売却している場合や他の相続人が売却している場合における１億円以下であるかどうかの判定は、相続の時からこの特例の適用を受けて被相続人居住用家屋又は被相続人居住用家屋の敷地等を売却した日から３年目の年の12月31日までの間に分割して売却した部分や他の相続人が売却した部分も含めた売却代金により行います。

　このため、相続の時から被相続人居住用家屋又は被相続人居住用家屋の敷地等を売却した年までの売却代金の合計額が１億円以下であることから、この特例の適用を受けていた場合で、被相続人居住用家屋又は被相続人居住用家屋の敷地等を売却した日から３年目の年の12月31日までにこの特例の適用を受けた被相続人居住用家屋又は被相続人居住用家屋の敷地等の残りの部分を自分や他の相続人が売却して売却代金の合計額が１億円を超えた場合には、その売却の日から４か月以内に修正申告書の提出と納税が必要となります。

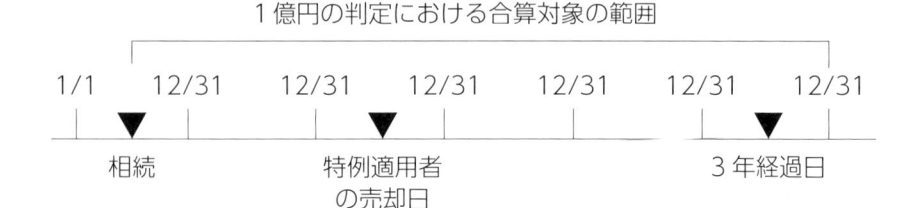

e　売った家屋や敷地等について、相続財産を譲渡した場合の取得費の特例や収用等の場合の特別控除など他の特例の適用を受けていないこと。

f　同一の被相続人から相続又は遺贈により取得した被相続人居住用家屋又は被相続人居住用家屋の敷地等について、この特例の適用を受けていないこと。

g　親子や夫婦など特別の関係がある人に対して売ったものでないこと。

　　ここでいう特別の関係には、このほか生計を一にする親族、家屋を売った後その売った家屋で同居する親族、内縁関係にある人、特殊な関係のある法人なども含まれます。

⑷　適用を受けるための手続き

　この特例の適用を受けるためには、次に掲げる場合の区分に応じて、それぞれ次に掲げる書類を添えて確定申告をすることが必要です。

a　相続又は遺贈により取得した被相続人居住用家屋を売るか、被相続人居住用家屋とともに被相続人居住用家屋の敷地等を売った場合
　ⅰ）譲渡所得の内訳書（確定申告書付表兼計算明細書）〔土地・建物用〕
　ⅱ）売った資産の登記事項証明書等で次の３つの事項を明らかにするもの

　　　ⅰ　売った人が被相続人居住用家屋及び被相続人居住用家屋の敷地等を被相続人から相続又は遺贈により取得したこと。

　　　ⅱ　被相続人居住用家屋が昭和56年5月31日以前に建築されたこと。

　　　ⅲ　被相続人居住用家屋が区分所有建物登記がされている建物でないこと。

　ⅲ）売った資産の所在地を管轄する市区町村長から交付を受けた「被相続人居住用家屋等確認書」

　　（注）　ここでいう「被相続人居住用家屋等確認書」とは、市区町村長の次の2つの事項を確認した旨を記載した書類をいいます。

　　　　ⅰ　相続の開始の直前において、被相続人が被相続人居住用家屋を居住の用に供しており、かつ、被相続人居住用家屋に被相続人以外に居住をしていた人がいなかったこと。

　　　　ⅱ　被相続人居住用家屋又は被相続人居住用家屋及び被相続人居住用家屋の敷地等が相続の時から譲渡の時まで事業の用、貸付けの用又は居住の用に供されていたことがないこと。

　ⅳ）耐震基準適合証明書又は建設住宅性能評価書の写し

　ⅴ）売買契約書の写しなどで売却代金が1億円以下であることを明らかにするもの

b　相続又は遺贈により取得した被相続人居住用家屋の全部の取壊し等をした後に被相続人居住用家屋の敷地等を売った場合

　ⅰ）上記aのⅰ）、ⅱ）及びⅴ）に掲げる書類

　ⅱ）売った資産の所在地を管轄する市区町村長から交付を受けた「被相続人居住用家屋等確認書」

　　（注）　ここでいう「被相続人居住用家屋等確認書」とは、市区町村長の次の3つの事項を確認した旨を記載した書類をいいます。

　　　　ⅰ　相続の開始の直前において、被相続人が被相続人居住用家屋を居住の用に供しており、かつ、被相続人居住用家屋に被相続

人以外に居住をしていた人がいなかったこと。

　ⅱ　被相続人居住用家屋が相続の時から取壊し等の時まで事業の用、貸付けの用又は居住の用に供されていたことがないこと。

　ⅲ　被相続人居住用家屋の敷地等が次の２つの要件を満たすこと。

　　・相続の時から譲渡の時まで事業の用、貸付けの用又は居住の用に供されていたことがないこと。

　　・取壊し等の時から譲渡の時まで建物又は構築物の敷地の用に供されていたことがないこと。

❹ 資産価値のない不動産の相続

　財産評価基本通達により相続税評価額はついても、収益性がなく、売却見込みもなく、ただ維持管理費のみがかかる不動産があります。相続財産のなかにそのような不動産があることがあります。

　例えば、郊外の山の土地（山林）やバブルの時代に乱立したリゾートマンションがそれにあたります。登記費用や固定資産税、管理料などの負担が大きく、相続人が途方に暮れるということもあるようです。

　このような山林やリゾートマンションでも、有料で引き取る業者があるようですが、このような処分費用は、相続開始の際、現に存するものではないため、債務控除の対象にもなりません。

取引相場のない株式の相続

　父母から事業を引き継いだ者や自ら創業した者が被相続人となるような兄弟姉妹相続の場合、相続人のなかに被相続人と共にその事業に従事している者がいるならば、その者がその会社の株式を取得すればいいのですが、そのような者がいない時は、誰がその株式を取得するかという問題が生じます。まったくの第三者がその事業を引き継ぐとしても、事前に準備がなければ、とりあえず、相続人が株主となる他はありません。

　また、その会社が被相続人の資質に依存しており、従業員も少ないような会社である場合、廃業についても検討する必要が出てきますが、相続開始時において清算中でなければ、その株式は通常の株式の評価により評価することとなります。

1 被相続人の事業を承継する場合

　被相続人が経営していた会社の株式の評価額が高いような場合は、その事業を承継する者がその株式を取得するとしても、その者の相続税の負担が非常に大きくなります。特に、このような株式は経営権が絡みますので、処分して納税資金を捻出するというわけにはいきません。そこで、平成20年に施行された「中小企業における経営の承継の円滑化に関する法律」(「円滑化法」といいます) 及び平成21年度税制改正による事業承継税制により、納税猶予の特例 (一般措置) が設けられています。

　また、平成30年度税制改正により、平成30年 4 月 1 日から平成35年 3 月31日までに特例承継計画を都道府県庁に提出した場合は、平成30年 1

月1日から平成39年（2027年）12月31日までの相続又は贈与について、より有利な特例措置を受けることができます（円滑化省令6①十一・十三、7⑥十、⑧、16、17、改正法附則118）。なお、平成30年度税制改正により、一般措置、特例措置を問わず、複数贈与者等からの贈与等について、事業承継税制が適用されるようになりました。

❶ 制度のあらまし

　後継者である相続人等（「経営承継相続人等」といい、特例措置を適用する場合は「特例経営承継相続人等」といいます）が、相続等により、都道府県知事の円滑化法の認定を受ける非上場会社の株式等を先代経営者である被相続人から取得し、その会社を経営していく場合には、その経営承継相続人等が納付すべき相続税のうち、その非上場株式等（一定の部分に限ります）に係る課税価格の80%（特例措置を適用するならば100%）に対応する相続税の納税が猶予されます（猶予される相続税額を「非上場株式等納税猶予税額」といいます）（措法70の7の2①・70の7の6①）。

　また、生前贈与により後継者である受贈者（「経営承継受贈者」といい、特例措置を適用する場合は「特例経営承継受贈者」といいます）が先代経営者である贈与者から都道府県知事の円滑化法の認定を受ける非上場会社の株式等を取得する場合についても、同様の特例が設けられています（措法70の7①・70の7の5①）。

　そして、生前贈与時にこの納税猶予制度を適用した場合、その先代経営者に相続が発生したときにはこの納税猶予額は免除されますが、贈与を受けた株式を先代経営者から相続したものとみなして（贈与時の株価で）相続税が課されます。このことを「みなし相続」といいますが、これについて、引き続き相続税の納税猶予を受けることができる特例が設けられています（措法70の7の3・70の7の7・70の7の8）。

❷ 特例を受けるための要件

　この特例の適用を受けるためには、原則として、相続税については相続開始後8か月以内に、贈与税については贈与の日の属する年の翌年1月15日までに、会社が都道府県知事に申請し、円滑化法の認定を受ける必要があります。主な適用要件は次の通りです（措法70の7②・70の7の2②・70の7の5②・70の7の6②、措令40の8・40の8の2・40の8の5・40の8の6）。

(1)　会社の主な要件

a　円滑化法の認定を受けた中小企業者であること

b　非上場会社であること

c　常時使用する従業員が1人以上（一定の外国会社株式等を保有している場合には5人以上）であること

d　資産保有型会社又は資産運用型会社で一定のものに該当しないこと

e　この会社の株式等及び特別関係会社*のうちこの会社と密接な関係がある一定の会社（以下「特定特別関係会社」といいます）の株式等が非上場株式等であること

　　＊　「特別関係会社」とは、この会社と租税特別措置法施行令40条の8の2第8項又は40条の8第6項で定める特別の関係のある会社をいいます。

f　この会社及び特定特別関係会社が性風俗営業会社ではないこと

g　この会社の特定特別関係会社が中小企業者であること

h　相続の開始の日の属する事業年度の直前の事業年度（相続の開始の日が事業年度の末日である場合には、その事業年度及びその直前の事業年度）又は贈与の日の属する事業年度の直前の事業年度（贈与の日が事業年度の末日である場合には、その事業年度及びその直前の事業年度）の総収入金額（営業外利益及び特別利益以外のものに限ります）が零で

はないこと

　i　経営承継相続人等以外の者が会社法108条１項８号に規定する種類の株式（拒否権付株式）を有していないこと

　j　相続の開始（又は贈与日）前３年以内に一定の者から受けた現物出資等資産の割合が総資産の70％未満であること

(2)　先代経営者である被相続人（又は贈与者）の主な要件

　a　相続開始以前（又は贈与前のいずれかの日）において会社の代表権（制限が加えられた代表権を除きます）を有していたことがあること

　b　贈与の場合は、贈与の時までに会社の代表権を有していないこと

　c　相続の開始（又は贈与）直前において、被相続人（先代経営者）及びその者と特別の関係がある者（その者の親族など一定の者）で総議決権数の50％超の議決権数を保有し、かつ、被相続人（先代経営者）が保有する議決権数が経営承継相続人（受贈者）等を除いたこれらの者の中で最も多くの議決権数を保有していたこと

(3)　追随贈与における贈与者の要件

　先代経営者の贈与又は相続の申告期限後５年以内に行われる後継者に対する贈与についても、納税猶予制度の適用がありますが、この追随する贈与に係る贈与者の要件は次の通りです。

　a　贈与時において代表権を有していないこと

　b　他に、第一種贈与（最初の贈与）の特例贈与者（または第一種相続（最初の相続）の特例被相続人）がいること

　c　すでにその贈与者が第一種・第二種特例贈与をしていないこと

(4)　経営承継相続人等（又は受贈者）の主な要件

　a　相続開始の直前に役員であったこと（被相続人が60歳未満で死亡した場合等を除きます）

　b　受贈者の場合、20歳以上であり、役員等に就任して３年以上経過していること

　c　相続開始の日の翌日から５か月を経過する日において会社の代表権（制限が加えられた代表権を除きます）を有していること

　d　受贈者の場合、会社の代表権を有していること

　e　相続人（又は受贈者）及びその者と特別の関係がある者（その者の親族など一定の者）で総議決権数の50％超の議決権数を保有し、かつ、これらの者の中で最も多くの議決権数を保有することとなること

　d　相続税（又は贈与税）の申告期限まで特例の適用を受ける非上場株式等の全てを保有していること

　　なお、特例措置を受ける場合は、特例経営承継相続人等や特例経営承継受贈者は３人まで認められており、後継者１人ごとに上記の判定をすることになります。

❸ 特例の対象となる非上場株式等の数

（1）　相続税の場合

【一般措置】

次に示す株式数が限度となります。

発行済議決権株式数×2/3-後継者保有株式数＞贈与者保有株式数
　　……　すべての株式

発行済議決権株式数×2/3-後継者保有株式数≦贈与者保有株式数
　　……　後継者の贈与後議決権割合が2/3になる株式

【特例措置】

株式数の制限はありません。

（2）　贈与税の場合

次の株式数の株式を一括贈与します。

【一般措置】

発行済議決権株式数×2/3-後継者保有株式数＞贈与者保有株式数

　……　すべての株式

発行済議決権株式数×2/3-後継者保有株式数≦贈与者保有株式数

　……　後継者の贈与後議決権割合が2/3以上になる株式

（注）　経営承継受贈者が贈与前から発行済株式数の2/3以上を所有していた場合には、特例の適用はありません。

【特例措置】

・後継者が1名の場合

発行済議決権株式数×2/3-後継者保有株式数＞特例贈与者保有株式数

　……　すべての株式

発行済議決権株式数×2/3-後継者保有株式数≦特例贈与者保有株式数

　……　後継者の贈与後議決権割合が2/3以上になる株式

・後継者が複数の場合

贈与後に、受贈者（後継者）の完全議決権株式の所有割合が10%以上となること

贈与後に、受贈者（後継者）の完全議決権株式の持株数が贈与者の持株数を上回ること

❹ 納税が猶予される相続税（又は贈与税）の額

(1)　相続税の場合

【一般措置】

　次のアからイを差し引いた相続税額の納税が猶予されます。ア及びイの税額を計算する場合の経営承継相続人等以外の者の取得した財産は、実際に経営承継相続人等以外の者が相続等により取得した財産によります。

　ア　経営承継相続人等が取得した財産が特例の適用を受ける非上場株式等のみであると仮定した場合に算出される経営承継相続人等の相続税額

　イ　経営承継相続人等が取得した財産が特例の適用を受ける非上場株式等の20%のみであると仮定した場合に算出される経営承継相続人等の相続税額

【特例措置】

　この特例の適用に係る特例対象非上場株式等の価額を特例経営承継相続人等に係る相続税の課税価格とみなして、相続税法第13条から第19条までの規定を適用して計算したその特例経営承継相続人等の相続税の額が猶予されます。

⑵　贈与税の場合

　贈与税の納税猶予額は、納税猶予の特例を受ける非上場株式等の数に対応する価額から基礎控除額（110万円）を控除した残額に贈与税の税率を適用して計算した額となります。

　なお、相続税及び贈与税とも、その非上場株式等を発行する会社及びその会社と特別の関係のある一定の会社が、一定の外国会社若しくは一定の上場会社の株式等又は医療法人の出資を有する場合には、納税が猶予される税額の計算の基となる非上場株式等の価額は、その外国会社若しくは上場会社の株式等又は医療法人の出資を有していなかったものとして計算した金額となります。

❺ 特例を受けるための手続き

　ア　この特例を受ける旨を記載した相続税（又は贈与税）の申告書をその申告期限までに提出するとともに、その申告書に特例の適用を受ける非上場株式等の明細や納税猶予分の相続税額（又は贈与税額）の計算書など一定の事項を記載した書類を添付する必要があります。

　イ　上記アの申告書の提出期限までに非上場株式等納税猶予税額及び利子税の額に見合う担保を提供する必要があります。なお、特例の適用を受ける非上場株式等の全てを担保として提供した場合には、

非上場株式等納税猶予税額及び利子税の額に見合う担保の提供が
あったものとみなされます。

➏ 納税猶予期間中の手続き

引き続きこの特例の適用を受ける旨や特例の対象となる非上場株式等
に係る会社の経営等に関する事項を記載した「非上場株式等についての
相続税の納税猶予の継続届出書」（又は「非上場株式等についての贈与税の納
税猶予の継続届出書」）を原則として、相続税（又は贈与税）の申告期限後
の５年間は毎年、５年経過後は３年ごとに所轄税務署に提出する必要が
あります。

なお、継続届出書の提出がない場合には、原則として、この特例の適
用が打ち切られ、非上場株式等納税猶予税額と利子税を納付しなければ
なりません。

➐ 猶予税額の納付が免除される場合と 納税猶予税額の納付をすることとなる場合

経営承継相続人等が死亡した場合、先代経営者である贈与者の死亡前
に経営承継受贈者が死亡した場合など一定の事由に該当したときには、
非上場株式等納税猶予税額の全部又は一部の納付が免除されます。

一方、申告期限後５年以内に、経営承継相続人（又は受贈者）等が代表
権を有しないこととなった場合など一定の事由に該当したとき（期限確
定）には、猶予されていた相続税額（又は贈与税額）と相続税（又は贈与税）
の申告期限の翌日から納税猶予の期限までの期間（日数）に応じた利子税
を併せて納付する必要があります。ただし、相続税の申告期限から５年
を経過した後に、期限確定事由に該当（一定の事由に限ります）し、相続
税額の全部又は一部を納付するときには、申告期限の翌日から５年を経
過する日までの期間の利子税の割合が年零パーセントに軽減されます。

❽ 相続時精算課税の適用

　税法上、贈与には暦年贈与の他、相続時精算課税贈与があります。相続時精算課税の制度とは、原則として60歳以上の父母又は祖父母から、20歳以上の子又は孫に対し、財産を贈与した場合において選択できる贈与税の制度です。

　相続時精算課税の適用を受ける贈与財産については、その選択をした年以後、相続時精算課税に係る贈与者以外の者からの贈与財産と区分して、１年間に贈与を受けた財産の価額の合計額を基に贈与税額を計算します。その贈与税の額は、贈与財産の価額の合計額から、複数年にわたり利用できる特別控除額（限度額：2,500万円。ただし、前年以前において、既にこの特別控除額を控除している場合は、残額が限度額となります）を控除した後の金額に、一律20％の税率を乗じて算出します。そして、相続時精算課税に係る贈与者が亡くなった時は、それまでに贈与を受けた相続時精算課税の適用を受ける贈与財産の価額と相続や遺贈により取得した財産の価額とを合計した金額を基に計算した相続税額から、既に納めた相続時精算課税に係る贈与税相当額を控除して相続税を算出することになります。

　この相続時精算課税が、平成29年以降、自社株式の贈与税の納税猶予を受ける際に、選択できるようになりました（措法70の２の７）。さらに、平成30年以降、適用を受ける受贈者の範囲が、特例措置の適用を受ける場合に限り、直系卑属である推定相続人や孫に加え、直系卑属でない推定相続人、孫又は推定相続人以外の者にまで広がり（措通70の２の７-２、措法70の２の７）、兄弟姉妹相続の場合も選択できることとなりました。

2　被相続人の事業を清算する場合

❶ 株式等の評価

　清算中の取引相場のない株式については、清算の結果分配を受ける見込みの金額（2回以上にわたり分配を受ける見込みの場合には、そのそれぞれの金額）の課税時期から分配を受けると見込まれる日までの期間（その期間が1年未満であるとき又はその期間に1年未満の端数があるときは、これを1年とする）に応ずる基準年利率による複利現価の額（2回以上にわたり分配を受ける見込みの場合には、その合計額）によって評価します（財基通189-6）。

　しかし、相続発生後、すぐにその会社について解散決議を行ったとしても、相続財産の評価は相続開始時における現況によりますので、兄弟姉妹相続の場合は、概ね原則的評価方式（財基通179）により評価することとなります。

❷ 役員借入金の評価

　同族会社の場合、会社役員がその会社に対し、資本金とは別に資金を貸し付けている例が多く見られます。会社からみると役員借入金であり、同族株式の純資産価額評価においては債務として控除しますが、その一方、被相続人である役員にとっては会社に対する債権として、資産評価することとなります。

　この貸付債権は、実質的に不良債権化していることも多く、特に相続開始後に解散があった場合、相続時の評価について問題となることも少なくありません。次に揚げる裁判例は、兄弟姉妹相続の例ではありませんが、兄弟姉妹相続のように、あまり被相続人の事業を継ぐことが予定されていない場合に、問題となりやすいものとなります。

●相続開始後に解散があった場合の貸付債権の評価
（千葉地判平19.10.30・Z257-10808、東京高判平21.1.22・Z259-11120）

　納税者ら夫婦の母・丙は、平成14年９月24日に死亡し、納税者らは、他２名と共に丙を相続したが、丙の相続財産中には、Ａ社に対する、①貸付金債権１億238万344円、②貸付金債権1,242万851円、③その他未収金債権621万2,808円、④家賃債権750万円が含まれるとされていました（以下、上記債権①ないし④を、順に「本件債権１」、「本件債権２」、「本件債権３」、「本件債権４」といい、本件債権１、３及び４を併せて「本件各債権」といいます）。

　納税者らは、本件債権１ないし３は納税者甲が、本件債権４は納税者乙がそれぞれ相続することとして、平成15年７月24日、本件各債権については額面どおりの価格で、他の相続財産と併せて相続税の申告をしました（以下、納税者らの申告を併せて「本件各申告」といいます）。本件各申告において、甲の納付すべき税額は5,940万7,400円、乙の納付すべき税額は6,030万9,400円とされています。納税者らは、平成16年７月23日、本件債権１ないし４を回収可能性がない無価値なものとし、相続財産の評価に算入すべきでない等主張して、それぞれ相続税の更正の請求を行ないました（以下、納税者らの更正の請求を併せて「本件各更正請求」といいます）。本件各更正請求において、甲の納付すべき税額は2,433万9,200円、乙の納付すべき税額は4,819万5,500円とされています。

　処分行政庁は、本件各更正請求に対し、平成16年12月24日付けで、更正をすべき理由がない旨の各通知をしました。納税者らは、処分行政庁に対し、平成17年１月18日、それぞれ上記各通知につき異議申立てを行い、処分行政庁は、同年４月13日、本件債権２については遺産に帰属する財産ではなく課税価格から減算すべき等として、上記各通知の一部を取り消し、甲の納付すべき税額は5,102万1,500円、乙の納付すべき税額は5,796万6,100円としたが、その余の点については理由なしとしたため、審査請求を経て訴訟に及びました。

　地裁判決では、相続財産の価額は評価通達による算定も、その内容が相

続税法22条の規定に照らして合理的なものである限り、許されるというべきであるとし、本件各債権の評価に当たり考慮された評価通達204項、205項は、債権の評価額は原則として元本の価額及び利息の価額の合計額であるとしつつ、客観的に明白な事由が存在する場合に限り、その部分を元本の価額に算入しない扱いをするものであるが、客観的に明白な事由なしに債権の回収率等を考慮して個別に評価することは、必ずしも客観的な評価方法が確立していない将来についての見込みに左右され、恣意的な評価を許すことになりかねないから、かかる評価通達の内容は客観的な交換価値の評価を求める相続税法22条の解釈として合理的なものということができるとしました。

　そして、Ａ社の事業年度ごとの売上げは、平成13年７月期は２億4,667万5,661円、平成14年７月期は9,863万6,401円、平成15年７月期は１億191万7,853円であったこと、事業年度ごとの広告宣伝費は、平成13年７月期は530万1,508円、平成14年７月期は307万2,500円、平成15年７月期は350万278円であったこと、Ａ社の平成13年７月期及び平成14年７月期における借入金は、順次２億2,554万6,006円、１億5,970万182円でしたが、これら借入金は丙、甲又は丙の子丁からの借入れで、いずれも返済時期が定められず、利子の定めのないものであったこと、上記各期における未払金は、順次2,512万482円、2,231万7,992円であったが、そのうちおよそ順次1,570万円、2,200万円は甲又は丙に対するものであったことを確認し、また、Ａ社は、経常損失を、平成12年７月期に1,176万2,671円、平成13年７月期に80万6,703円、平成14年７月期に429万0,226円、平成15年７月期に855万7,832円、平成16年７月期に3,118万9,279円計上し、営業損失を、平成13年７月期に197万4,286円、平成14年７月期に908万2,533円、平成15年７月期に822万2,250円、平成16年７月期に3,155万7,353円計上し、平成16年６月末に廃業し、同年７月５日、株主総会の決議により解散し、同年９月10日に清算を結了したことを確認しました。

　その上で、丙の相続開始時に、債務者たるＡ社の経営状況は相当に厳しい状態にあったことがうかがえるとしながら、Ａ社は、相当額の売上

を計上し、丙の相続開始後も２年近く営業を続けており、借入金の債権者は同族株主又はその親族で、いずれも返済時期の定めのない無利息のものであって、直ちに返済しなければならない多額の債務があった訳でもないから、丙の相続開始時において評価通達205項（１）ないし（３）の事由と同視することができる程度にＡ社の営業状況等が客観的に破綻していることが明白であったとはいえないとしました。さらに、納税者らのＡ社が丙の死亡前から事業の廃止（清算）に向けて動き出しており、たまたまその廃止時期が丙の死亡後になったにすぎないから、丙の相続開始後に同社が廃止（清算）されたこと及び清算手続によっても貸付金債権等が一切弁済されなかったことを同相続開始時点における財産評価の一要素として考慮すべきであるとの主張に対し、同社は、そのころ、広告宣伝費まで投入して事業を続け、少なからぬ事業収入を得ていたのであるから、上記相続開始時点において同社の廃業（清算）が決定されていたという事実は認めることができないとして、本件各債権が「その回収が不可能又は著しく困難であると見込まれるとき」に当たると認めることはできないとして、納税者の主張を退けました。この結論は控訴審でも維持され、裁判は確定しております。

　兄弟姉妹相続となるような例では、事前に対策がとられていることは少ないのですが、このような役員借入金の評価について、裁判では保守的な結論が下されることが多いことも一つの事実です。事業を営んでいる状態であれば、このような役員借入金について、資本金に振り替えるとか、業績不振の会社であれば、一旦精算するとか、対策をとることも可能ということを、よくよく留意すべきということになります。

❸ 会社清算時の課税

　被相続人が営んでいた会社の株式等を承継した相続人は、会社清算時の課税についても確認する必要があります。

　その場合は、法律的には、会社の解散登記をして、その後会社の清算

手続きをして、清算結了となります。解散登記を行えば、解散の日付を決算日として、期首から解散の日までの、法人税、消費税、地方税などの申告手続きが必要になります。また、その後については、残余財産が確定するまで、解散の日の翌日から1年ごとに清算事業年度の申告が必要になり、清算が終わったときには残余財産確定事業年度の申告を行います。この場合も、法人税と地方税の申告、さらに、消費税の納税義務者であれば消費税の申告が必要となります。

　解散事業年度も残余財産確定事業年度も、通常の法人税計算をします。ただ、清算事業年度には、債権の回収、債務の弁済、資産の換金等の清算手続きをした後も、被相続人であった元代表者から相続した借入金が残る場合があり、相続人はその債権を放棄することとなります。会社にとっては、債務免除益を計上しますが、多くの場合は繰越欠損金を利用して、納税が生じないですし、繰越欠損金が存在しない場合でも期限切れの欠損金の利用で課税とならないケースが多くあります。

　清算手続きの結果、最終的に現金が残る場合は、その残余財産を株主に分配することになります。元々の資本金に対応する部分は株主が出資した金額なので、その金額までは株主に払い戻しても税金はかかりませんが、それを超える部分については、みなし配当として株主に所得税の課税が生じ、また会社も源泉徴収が必要になります。また、会社が消費税の課税事業者であれば、通常の売上等の他、資産の換金化、つまり売却に対して消費税が課されることになります。

第4節　その他の財産の相続

1　動　産

被相続人の遺産のなかには、必ず動産が含まれます。

動産については、原則として、1個又は1組ごとに評価します。ただし、家庭用動産、農耕用動産、旅館用動産等で1個又は1組の価額が5万円以下のものについては、それぞれ一括して一世帯、一農家、一旅館等ごとに評価することができるとされています（財基通128）。したがって、家庭用動産については、一式で評価することが多いようです。

動産のなかでも自動車については、買取業者の査定価額などが取得できますので、それにより評価することが可能です。

なお、動産についてはよほど価値のあるもの以外は処分することとなるのが一般的ですが、この処分費用も債務控除の対象とはなりません。

2　老人ホーム入居金

有料老人ホームに入所する際には、月額利用の料金とは別に、入居一時金を支払うこととなっていることが多いようです。入居一時金は、そのホームを終身利用する権利を取得することを目的としたものです。

入居一時金は、入居時にその一部が償却され、残りの金額を償却年数で少しずつ償却されていくのが一般的です。償却年数が残っている途中で、入居者がホームを退去した場合、未償却金が返還されることになります。

税務では、入居者以外の人がこの一時金を負担したことによる課税関

係がよく問題となりますが、兄弟姉妹相続となるようなケースでは、入居者本人が入居一時金を負担することがほとんどであるため、そのような課税関係の問題はあまり生じません。しかし、相続が発生したときに、返還金受取人として指定された人がこの返戻金を受け取った場合の課税関係が問題となることとなります。

　そのようなケースで、この一時金の課税関係が問題となった事例があります。

　納税者であり、被相続人の法定相続人である被相続人の甥は、被相続人が介護付有料老人ホームに入居するにあたって、被相続人名義の普通預金から出金し、798万円の入居一時金を振り込みました。ホーム事業者は、被相続人が死亡したことを受け、入居契約の解約に伴う一時金の精算として768万円9,098円の返還金を、甥の普通預金口座に振り込みました。

　この入居一時金に関し、この返還金が相続税の課税対象となるか等について争いとなりました。

> **●平25.2.12裁決・東裁（諸）平24-153・裁決事例集第90集**
>
> 　相続開始時より前に、被相続人と返還金受取人である甥との間で、この一時金返還金について贈与をするというような死因贈与契約が成立していた事実や、被相続人がその旨の遺言をしていた事実を認めることはできないとしました。
>
> 　しかし、入居一時金の原資は被相続人の定期預金の一部であると認められることからすれば、実質的にみて、甥は、第三者（甥）のためにする契約を含む入居契約により、入居者である被相続人の死亡を停止条件として、ホーム設置会社に対して直接、入居一時金に係る返還金の返還を請求する権利を取得したものであるとし、相続開始時に、被相続人に対価を支払うことなく、同人から入居一時金に係る返還金の返還を請求する権利に相当する金額の経済的利益を享受したことになるとし、相続税法19条《相

続開始前３年以内に贈与があった場合の相続税額》１項により、本件返還金の額は、納税者の相続税の課税価格に算入されるべきであるとしました。

　この判断が裁判では、異なる理由に置き換えられました。

　東京地裁判決（平27.7.2・Z265-12688）では、まず、老人ホームの入居契約の内容から、返還金は、入居契約の解除又は終了に伴う原状回復又は不当利得として返還されるものであって、受領すべき者は入居契約の当事者であると解されるとしました。そうすると、入居契約において返還金受取人は１名を定めるとされていることにも照らせば、被相続人死亡の場合には、単に受領すべき被相続人が死亡している以上、被相続人が受領することができないため、事業者の返還事務の便宜のために予め入居契約において、受取人が指定されているにすぎず、指定された受取人に当然に返還金全額を帰属させる趣旨ではないというべきである〔本件事業者の担当者も同旨の説明をする〕としました。

　そして、本件一時金は、被相続人の定期預金ひいては昭和59年３月に購入されたワリコーが原資であり、本件被相続人が出捐したものと認められるので、実質的にみて甥が一時金を出捐したという余地もなく、本件返還金は被相続人に帰属する財産であると認められるとしました。この結論は高裁でも維持されています（東京高判平28.1.13・Z266-12781（確定））。

　上記の事例から、このような入居一時金の返還金は、誰が受取人となっているかに係わらず、基本的に被相続人の相続財産となることとなります。

相続費用、納税資金の算段

1 連帯納付義務

　相続税の申告書は、相続人が複数いる場合には、基本的に1つの申告書を共同提出します。しかし、この申告書に記載した各相続人に係る申告納税額は、相続人がそれぞれ支払うこととなります。

　そこで、自分の分の納税を済ませ、4年ほどたったときに、税務署から「相続税の連帯納付義務について」という通知が届くことがあります。その通知には、共同相続人である○○の納付すべき相続税が未納となっており、あなた以外のほかの相続人も含めて連帯納付の義務があるので、みんなで話し合って払ってくださいというようなことが書いてあります。そして、そのまま納付しないでいると、自分宛に未納相続人分の相続税の納付通知書が届くこととなります。

　相続税の連帯納付義務とは、同一の被相続人から相続又は遺贈により財産を取得したすべての人に対し、その相続又は遺贈により取得した財産に係る相続税について、その相続又は遺贈により受けた利益の価額に相当する金額を限度として、互いに連帯して納付する責任を負わせるものです（相法34①）。実際の限度額は、相続で取得した財産の価額から相続税額を引いた手取り額となります。

　相続税等の連帯納付義務は、本来の納税義務に対して、主たる債務がなければ連帯納付義務は成立せず、主たる債務が消滅すれば、連帯納付義務も消滅するという附従性がありますが、主たる債務者が債務を履行しないときにはじめて保証人が履行の責任を負うこととなるという補充性はないと言われており、そのような考え方に基づいた判例や裁決例が

多く公開されています（平26.6.25裁決・裁決事例集第95集、最判昭55.7.1・Z999-7023）。

　納税通知書は、他の相続人宛に発行されますので、通知書を受け取った相続人に更に相続が発生した場合は、この連帯納付義務は相続人に承継されることとなります。さらに附帯税についても、この連帯納付義務の対象になるとの意見があります（岩淵浩之「連帯納付義務の承継等に関する諸問題」税大論叢）。

　納税通知書に記載された税額を納付しなかった場合、次は差し押さえ手続きに入ることとなりますが、連帯納税義務に補充性がないといっても、まずは未納の相続人の財産を差し押さえることになります。しかし、未納の相続人に財産がなかったり、不動産等の換金しにくい財産しかない場合は、いきなり連帯納付義務者である他の相続人の財産が差し押さえられることがあります。そこには、相続時に取得した財産の比率で負担させるような規定はありません。

　なお、申告期限から5年間経過した場合や延納の許可を受けた場合などにおいて、連帯納付義務は解除されることとなります。とはいえ、申告期限等から5年を経過した時点で連帯納付義務の履行を求めているものについては、連帯納付義務は解除されません。

　相続税の連帯納付義務は、自らの相続税を適正に納付しているにもかかわらず、法律の規定により、自らの意思にかかわりなく、他の共同相続人の未納の相続税について、連帯して納付責任を負うこととなりますので、特に共同相続人間の距離が遠い、兄弟姉妹相続では注意する必要があります。

2　現実的な対応

　相続が発生した場合、相続税だけでなく、被相続人の入院費用、葬式費用、被相続人の戸籍等を取り寄せるための費用、遺産である不動産に

ついて評価証明書を取得するための費用、預金等の残高証明書の発行費用、被相続人に係る未払租税公課その他の未払金を精算するための費用、相続登記のための費用、これらの手続きに附随する交通費、電話代、郵送費等の相続費用がかかることになります。そして、これらの費用を共同相続人間でどのように負担するかという問題があります。

　実務でよく見かけるのは、相続登記費用はその対象となる資産を取得した相続人が負担し、その他の費用は、手続きをした相続人が立て替えた後、他の相続人に請求するというかたちですが、遺産分割協議が成立するまでは、被相続人の財産のうち、換金できたものを、別個開設した預金口座にすべて移し、その口座から相続費用を支出するようにしている場合もあります。

　また、金融資産などは、相続発生時の価額と実際の換金額が異なっている場合も多く、その差額も、共同相続人全員で負担する場合もあります。

　これらの相続費用及び相続税額は、相続税の計算外のものですが、特に相続税額は、確実に全員が納付しなければ、連帯納付義務などの面倒な事態に陥ることがあります。そこで、遺産分割の際、各自の相続税額の負担について考慮した分割をすることにします。

　簡単な例を示します。

【例】

相続財産　　マンション：4,000万円、アパート：2,800万円、
　　　　　　現預金　　　：6,200万円

相続人　　　弟、亡兄の甥A、亡妹の甥B・姪C

基礎控除額　3,000万円＋600万円×4人＝5,400万円

２割加算後の相続税の総額　約1,128万円

弟は自己保有金融資産がある程度あるものとします。

大まかに次のように分割するとします。

弟　：マンション

甥Ａ：アパート

甥Ｂ：現預金3,100万円

姪Ｃ：現預金3,100万円

これにより、相続税額を計算すると次のようになります。

弟　：3,470,600円

甥Ａ：2,429,400円

甥Ｂ：2,689,700円

姪Ｃ：2,689,700円

そこで、現預金の分割額を修正し次のようにします。

弟　：マンション

甥Ａ：アパート＋現預金267万円

甥Ｂ：現預金29,665,000円

姪Ｃ：現預金29,665,000円

すると相続税額は次のようになります。

弟　：3,470,600円

甥Ａ：2,661,100円

甥Ｂ：2,573,900円

姪Ｃ：2,573,900円

　そこで弟は全員の相続税額の合計額11,279,500円を各人から納付書を預り、支払います。

　そして、甥姪に対し、次の金額を渡し、相続手続きを終了させます。

　　甥Ａ：　　　　8,900円

　　甥Ｂ：　27,091,199円

　　姪Ｃ：　27,091,199円

　実際は、現預金6,200万円は、複数の金融機関の口座等になっていると思いますので、ここで代償分割を利用して、金額調整をすることになります。

第6節 分割協議がまとまらない場合

　相続若しくは包括遺贈により取得した財産に係る相続税について申告書を提出する場合又は当該財産に係る相続税について更正若しくは決定をする場合において、その相続又は包括遺贈により取得した財産の全部又は一部が共同相続人又は包括受遺者によってまだ分割されていないときは、その分割されていない財産については、各共同相続人又は包括受遺者が民法（904条の2（寄与分）を除く）の規定による相続分又は包括遺贈の割合に従ってその財産を取得したものとしてその課税価格を計算するものとするとされています（相法55）。

　そして、その後において、遺産分割協議がまとまり、共同相続人又は包括受遺者がその分割により取得した財産に係る課税価格が、当初申告における相続分又は包括遺贈の割合に従って計算された課税価格と異なることとなった場合は、その分割により取得した財産に係る課税価格を基礎として、納税義務者において申告書を提出し、若しくは相続税法32条1項に規定する更正の請求をし、又は税務署長において更正若しくは決定をすることを妨げないとされています（同条但し書き）。

　相続税の申告期限までに遺産分割が行われていなければ、受けられない特例として、小規模宅地等の課税価格の特例及び配偶者の税額軽減の特例があります。しかし、相続税の申告書に「申告期限後3年以内の分割見込書」を添付して提出しておき、相続税の申告期限から3年以内に分割された場合には、特例の適用を受けることができます。この申告書は、期限内申告書だけではなく、期限後申告書も該当します。

　そして、その後分割が行われ、納付税額が減少するときは、分割が行われた日の翌日から4か月以内に更正の請求を行うことができます（相

法32①一）。

　さらに、相続税の申告期限の翌日から３年を経過する日において相続等に関する訴えが提起されているなど一定のやむを得ない事情がある場合において、申告期限後３年を経過する日の翌日から２か月を経過する日までに、「遺産が未分割であることについてやむを得ない事由がある旨の承認申請書」を提出し、その申請につき所轄税務署長の承認を受けた場合には、判決の確定の日など一定の日の翌日から４か月以内に分割されたときに、これらの特例の適用を受けることができます。

　遺産分割がまとまらないことによる不都合は、上記のものの他、物納申請をする場合には、相続人全員が申請する必要があり、単独での物納申請ができないというものがあります。

　この本で取り上げる兄弟姉妹相続では、未分割の場合に受けられない特例としては、小規模宅地等の減額特例が主なものとなりますので、比較的税務的な影響は少ないものと思われます。ただ、兄弟姉妹が相続人の場合は、次の相続までの期間が長くないため、未分割のまま、相続人が亡くなられるようなことがありますと、余計に遺産分割協議をまとめることが困難となりますので、なるべく早くまとめることが肝要と思われます。

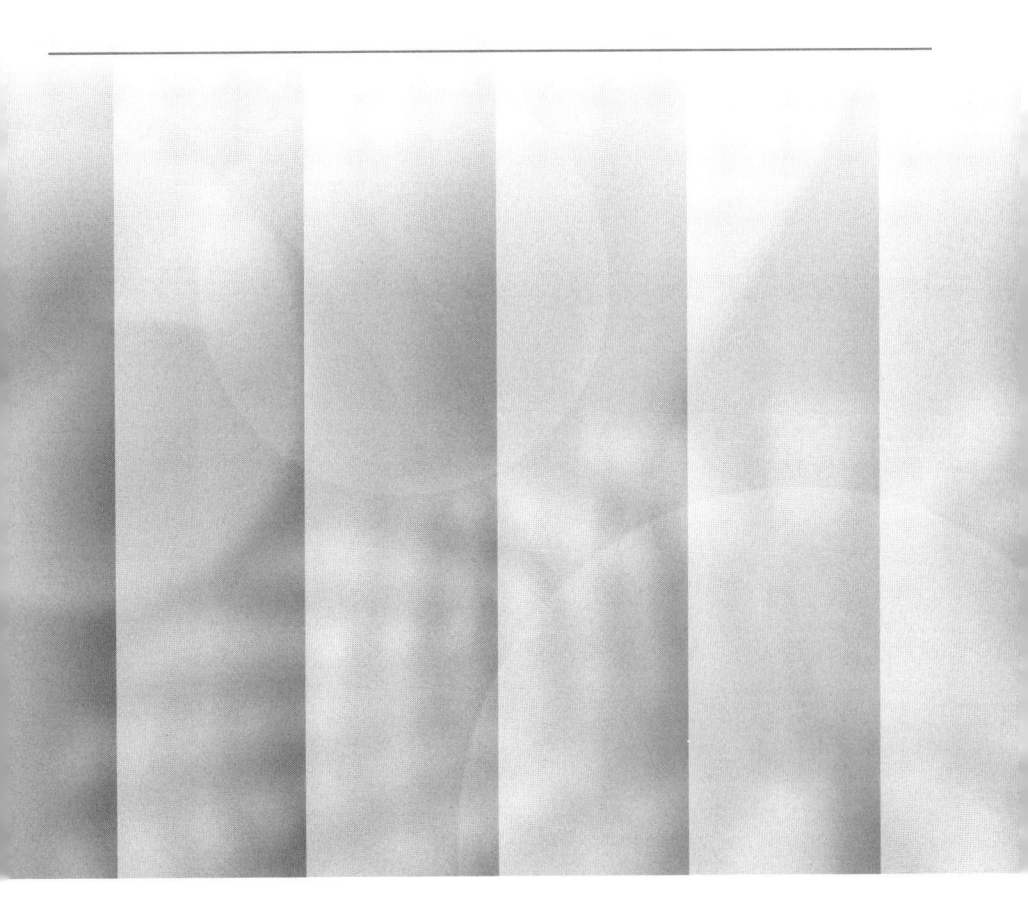

第**4**章

法定果実と申告

兄弟姉妹相続となるような場合に、被相続人が収益不動産を所有しているケースをよく見かけます。その他にも株式や投資信託を所有しているケースもあります。

相続人らは相続開始直後から、これらの資産の管理も引き継ぐこととなり、それを誰がやるのか、収益は誰のものとなり、どのような課税が行われるのかが問題となります。

1 相続財産に収益物件がある場合

相続が発生した場合、被相続人の財産をどのように承継し、相続税の申告をどのように行うかという問題の他に、被相続人の財産から生じる法定果実が誰に帰属し、どのように申告しなければならないかという問題があります。つまり、相続財産に収益物件がある場合の対応の問題であり、税目でいうと相続税ではなく、所得税及び消費税となります。

兄弟姉妹相続の場合、相続人間の距離感が大きいケースも多く、この法定果実の整理が煩雑となることも少なくありません。

2 法定果実の定義

民法では、「物の使用の対価として受けるべき金銭その他の物を法定果実とする」としています（民88②）。具体的には、金銭使用の対価である利息、田畑使用の対価である小作料、家屋使用の対価である家賃、宅地使用の対価である地代などがあります。法定果実は、その性質上、期間

に対応して生じますので、日割り計算で取得されます（民89②）。

3 兄弟姉妹相続と法定果実

　相続において法定果実の帰属、つまり誰のものであるかが問題となるのは、相続発生前後、遺産分割協議成立前後、そして、遺留分減殺請求（236頁参照）があった場合です。兄弟姉妹相続の場合は特に相続人間の関係が希薄なケースが多く、帰属関係が明らかになった後の調整で難航する場合もあります。

法定果実の帰属

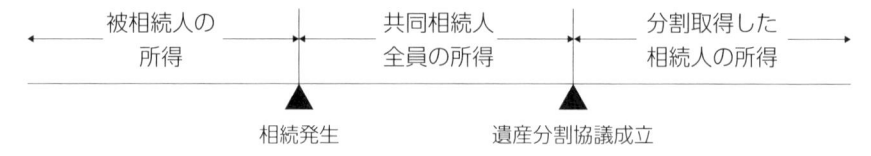

192

相続発生日を挟む問題点

1　受取家賃の帰属

❶ 月の中途で相続が発生した場合の受取家賃の帰属

　前述のように、民法では、「法定果実は、これを収取する権利の存続期間に応じて、日割計算によりこれを取得する。」（民89②）としていることから、月の中途で相続が発生した場合は、その月の家賃を被相続人の収入と相続人の収入に、日割り計算して配分する必要があるようにみえます。

　一方、所得税法では、その年分の総収入金額に算入すべき金額は、別段の定めがあるものを除き、その年において収入すべき金額とされ、その年中に権利の確定したものを総収入金額に算入することとされています（所法36）。さらに、所得税基本通達36-5において、不動産所得の総収入金額の収入すべき時期は、別段の定めがある場合を除き、「契約又は慣習により支払日が定められているものについてはその支払日」である旨を定めています。

　例えば、賃借人との契約において、前家賃、つまり、翌月分の家賃を今月末までに支払を受ける旨、定めている場合に、1月半ばで相続が発生したならば、1月分の家賃は前年12月31日が、2月分の家賃は1月31日が権利確定日となるところから、1月分の家賃は被相続人の収入、2月分の家賃は相続人の収入として計算します。

　また、当月分の家賃を当月末までに支払を受ける旨定められている場合に、1月半ばで相続が発生したならば、1月分の家賃は1月31日が権

利確定日となりますので、前年12月分の家賃までは被相続人の収入、１月分の家賃から相続人の収入として計算します。

　となると、下記の例で前家賃での契約の場合、民法では１月16日から１月末日までの家賃は相続人に帰属するとしているのにもかかわらず、所得税法ではその期間の家賃は被相続人に帰属することとなり、矛盾は生じないかという疑問が生じます。しかし、税法で定めているのは、あくまでも課税上の取扱いであり、実際の配分等が制約されるわけではありません。

《前家賃の例》

❷ 所得税において家賃等の日割り計算が認められる場合

　国税庁では、上記のような契約上の支払日の収入とするという基準の他に、実は通達によって、日割り計算による収入計上を認めています。

　個別通達「不動産等の賃貸料にかかる不動産所得の収入金額の計上時期について」（直所２-78、昭48.11.6、国税庁）では、「所得税法第26条第１項《不動産所得》に規定する不動産等の賃貸料の収入金額の計上時期に関する取扱いを下記のとおり定めたから、これによられたい。」として、

> 不動産等の賃貸料にかかる収入金額は、原則として契約上の支払日の属する年分の総収入金額に算入することとしているが、継続的な記帳に基づいて不動産所得の金額を計算しているなどの一定の要件に該当する場合には、その年の貸付期間に対応する賃貸料の額をその年分の総収入金額に算入することを認める

としています。

この特例を使えば、実際の法定果実の帰属と所得税の課税に矛盾が生じるというような問題は解消されます。

日割り計上するための要件と取扱いは次のとおりです。

ア　不動産等の貸付けが事業として行われている場合

その者が不動産等の貸付けを事業的規模で行っている場合で、次のいずれにも該当するときは、小規模事業者の特例[1]の適用を受ける場合を除き、その賃貸料にかかる貸付期間の経過に応じ、その年中の貸付期間に対応する部分の賃貸料の額をその年分の不動産所得の総収入金額に算入すべき金額とすることができます。

　a　不動産所得を生ずべき業務にかかる取引について、その者が帳簿書類を備えて継続的に記帳し、その記帳に基づいて不動産所得の金額を計算していること。

　b　その者の不動産等の賃貸料[2]にかかる収入金額の全部について、継続的にその年中の貸付期間に対応する部分の金額をその年分の総収入金額に算入する方法により所得金額を計算しており、かつ、帳簿上当該賃貸料にかかる前受収益および未収収益の経理が行われていること。

　c　その者の1年をこえる期間にかかる賃貸料収入については、その前受収益又は未収収益についての明細書を確定申告書に添付していること。

　＊1　「小規模事業者の特例」とは、青色申告書を提出することにつき税務署長の承認を受けている居住者で不動産所得又は事業所得を生ずべき業務を行うもののうち、その年の前前年分の不動産所得の金額及び事業所得の金額（所得税法57条（事業に専従する親族がある場合の必要経費の特例等）の規定を適用しないで計算した場合の金額とします）の合計額が300万円以下であること等の要件を満たすものについて、その年分の不動産所得の金額又は事業

所得の金額（山林の伐採又は譲渡に係るものを除きます）の計算上、総収入金額及び必要経費に算入すべき金額を、その業務につきその年において収入した金額及び支出した費用の額とすることを認めるものです（所法67・所令195）。

＊2　「不動産等の賃貸料」には、不動産等の貸付けに伴い一時に受ける頭金、権利金、名義書替料、更新料、礼金等は含まれません。

イ　不動産等の貸付けが事業として行われていない場合

　その者が不動産等の貸付けを事業的規模で行っていない場合であっても、上記アaに該当し、かつ、その者の1年以内の期間にかかる不動産等の賃貸料の収入金額の全部について上記アbに該当するときは、小規模事業者の特例の適用を受ける場合を除き、その者の1年以内の期間にかかる不動産等の賃貸料の収入金額については、その賃貸料にかかる貸付期間の経過に応じ、その年中の貸付期間に対応する部分の賃貸料の額をその年分の不動産所得の総収入金額に算入すべき金額とすることができます。

❸ 管理会社が家賃をとりまとめている場合の注意

　ここで気をつけなければならないのは、家賃の取りまとめを仲介業者が行っている場合です。通常仲介業者が入りますと、とりまとめた家賃の振り込み日は、入金日の翌月以降になります。つまり、入金日ベースで考えると、契約による支払を受ける日における支払を受けるべき金額と大きくずれる可能性があります。

　あくまでも、賃貸借契約でどのように取り決められているかにより、権利確定日を判断しなければなりません。

2　債務の帰属

　法定果実となると収益の問題ですが、実際の所得税の申告では、これに対応する費用はどれかという問題もでてきます。法定果実に対応するものであり、相続人が負担したものであれば、所得金額の計算における必要経費の問題となります。

　一方、租税債務については、相続開始の際、被相続人の租税債務として現に確定しているものかというところで、相続税の債務控除の対象となるかどうかが決まりますので、両者は必ずしも連動していないことに注意する必要があります。

❶ 不動産所得に係る租税債務と債務控除

　不動産所得で問題となるのは、まずは固定資産税となります。固定資産税の納税義務者は、賦課期日（毎年1月1日）に登記簿又は土地補充課税台帳若しくは家屋補充課税台帳に所有者として登記又は登録されている者をいうため（地法343）、相続開始年分において、被相続人が所有していた固定資産に課された固定資産税を相続人が負担した場合、他の要件を満たすならば、相続税額の計算において債務控除の対象となります（相法13）。

　また、不動産取得税については、不動産の取得に対し、その不動産所在の道府県において、その不動産を取得した者に課されることとなります（地法73の2①）。一般に不動産取得税はその不動産を取得してから、納税通知書が届くまでタイムラグがありますが、被相続人が取得した不動産に係る不動産取得税ならば、相続開始後に納税通知書が届いたとしても、実際にそれを負担した人の債務控除の対象となります。

　なお、不動産の取得が、相続を原因とするものであったならば、不動産取得税の課税対象とはなりません。

❷ 不動産所得に係る租税公課と必要経費

その年分の不動産所得の金額の計算上必要経費に算入すべき販管費の金額は、少なくともその年において債務の確定したものの額となりますので（所法37①括弧書き）、租税公課について、債務がいつ確定するかが問題となります。

不動産取得税については、納税通知書を実際に受け取った時に債務が確定することになります。被相続人が取得した不動産についての納税通知書であっても、被相続人の生前に届いたものだけが、被相続人の準確定申告における不動産所得の必要経費となり、被相続人の死後届いたものは、相続人のその不動産所得の必要経費となります。

これは、固定資産税についても同様です。被相続人の死亡日より後の日付で交付された相続財産に対する固定資産税の納税通知書に係る相続通知書は、被相続人の準確定申告上必要経費に算入することはできないとした裁決例があります。この裁決例は、請求人の亡夫の不動産所得の計算に当たり、固定資産税及び都市計画税を必要経費に算入することができるか否かを主たる争点とする事案です。

●平12.11.15裁決・仙裁（所）平12-8・F0-1-013

請求人は、平成11年3月7日に死亡した請求人の夫（被相続人）の共同相続人の1人です。所得税法第124条（確定申告書を提出すべき者等が死亡した場合の確定申告）1項、同法第125条（年の中途で死亡した場合の確定申告）1項及び同法施行令263条（死亡の場合の確定申告の特例）の規定に基づき、他の共同相続人4名とともに、被相続人の平成10年分及び平成11年分の所得税につき、青色の確定申告書を平成11年7月7日に申告し、併せて、同法142条（純損失の繰戻しによる還付の手続等）及び同法施行令273条（相続人等による還付の請求）の規定に基づき、平成10年分の所得税の額につき、平成11年分の所得税に係る純損失の金額346万6千64円を繰り戻し、平成11年分の所得税の額134万6,400円の還付請求をする旨を記載した還付

請求書を提出しました。原処分庁は、これに対し、平成11年10月18日付で、平成11年分の所得税の更正処分等をし、また、本件還付請求に理由がない旨の通知処分をしました。この賃貸不動産について、次の事実があります。

ア　被相続人の平成11年分の所得税の不動産所得に係る賃貸不動産は、被相続人が所有する家屋及び土地のほか、当該家屋の敷地の用に供されている土地の一部は、請求人あるいは請求人の子であるＢの所有です。

イ　Ｐ県Ｑ市長名の平成11年度固定資産税・都市計画税納税通知書は、平成11年４月１日付であり、被相続人、請求人及びＢの同年度の固定資産税等の年税額は、被相続人が108万9,300円、請求人が15万6,100円及びＢが１万円となっています。

ウ　Ｒ県Ｓ市長名の平成11年度固定資産税・都市計画税納税通知書は、平成11年６月１日付であり、被相続人の同年度の固定資産税等の年税額は449万3,100円となっています。

エ　相続人らは、本件不動産所得の計算上、上記ロ及びハの固定資産税等のうち本件賃貸不動産に係る年税額の合計549万7,527円（本件固定資産税等の額）を必要経費に算入しました。

　審判所は、所得税法37条１項は、その年分の不動産所得の金額、事業所得の金額又は雑所得の金額の計算上必要経費に算入すべき金額は、総収入金額を得るために直接に要した費用の額及びその年における一般管理費その他所得を生ずべき業務について生じた費用（償却費以外の費用でその年において債務の確定しないものを除く）の額とする旨規定しており、一般的には、上記所得の金額の計算上必要経費に算入できる額は、償却費を除くと、その年において費用として支払うべき債務が確定しているものであり、ⅰ）その年の12月31日（年の途中で死亡した場合は、死亡の時。以下同じ）までに当該費用に係る債務が成立していること、ⅱ）その年の12月31日までに当該債務に基づいて具体的な給付をすべき原因となる事実が発生していること、ⅲ）その年の12月31日までにその金額を合理的に算定す

ることができるものであることの要件のすべてに該当するものであること
と解されていことを確認しました。

　そしてそのうえで、しかしながら、固定資産税等のような租税について
は、関係法令に課税団体、納税義務者、課税物件、課税標準、課税物件の
帰属、税率等の課税要件はもとより、納付、徴収等の手続について厳格に
定められており、これら一定の課税手続に従ってその額が確定するもので
あるから、一定の課税手続に従って納税義務が具体的に確定した時点で債
務確定の要件を満たすこととなると解するのが相当であるとしました。

　そこで、地方税法は、固定資産税等の賦課徴収手続について、固定資産
税にあっては、原則として、毎年3月1日から20日以上の期間、課税要
件事実を記載した固定資産税課税台帳を縦覧に供し、その縦覧期間の経過
の後、具体的な納付義務の確定方法として、納税者が納付すべき地方税に
ついて、その賦課の根拠となった法律及び当該地方団体の条例の規定、納
税者の住所及び氏名、課税標準額、税率、税額、納期、各納期における納
付額、納付の場所並びに納期限までに税金を納付しなかった場合において
執られるべき措置及び賦課に不服がある場合における救済の方法を記載し
た納税通知書を納税者に交付して行うこととされており、都市計画税に
あっては、固定資産税を賦課し及び徴収する場合に併せて賦課・徴収でき
るとされ、この場合、固定資産税の賦課・徴収の例によるものとされてい
るとし、このように、地方税法は、固定資産税等の課税標準及び税額の確
定は賦課課税方式による旨規定しており、そして、賦課課税方式とは、一
定の要件を具備した場合に課税権者がその権限に基づき、課税標準及び納
付すべき税額を計算し、これを納税義務者に通知することにより納税義務
が確定する方法であるとしました。

　したがって、納税通知書は、課税標準及び税額を確定する賦課決定たる
行為を有するとともに、納付を命ずる行為としての意義を持つものであっ
て、その効力は、その納税通知書が納税義務者に交付された時に生ずると
解するのが相当であるとし、上記に照らして本件についてみると、本件固
定資産税等の額に係る納税通知書は、Q市分が平成11年4月1日付、S
市分が平成11年6月1日付となっており、当該日付が被相続人が死亡し

た日よりも後であることから、被相続人の死亡日現在で本件固定資産税等の額に係る債務が確定していないことは明らかであり、したがって、本件固定資産税等の額は、本件不動産所得の金額の計算上必要経費に算入することはできないこととなるとしました。

　なお、地方税法第359条に規定する固定資産税の賦課期日とは、課税客体、納税義務者、課税団体など各種の課税要件が確定する時点を指すもので、その段階では、納税義務が抽象的に成立するにとどまり、また、同法第415条第1項の規定による固定資産税課税台帳の縦覧は、賦課処分を適法ならしめるために、固定資産税課税台帳に登録された事項を確定させる手続と解されているから、それにより当該租税債務が確定するものではなく、固定資産税等の納税義務は、納税通知書が交付されることにより具体的に確定すると解すべきであるとしました。

　この裁決によっても、固定資産税や不動産取得税のような賦課課税される地方税の租税債務は、実際に納税通知書が交付されることによりその額が具体的に確定するということになります。

　ところで、固定資産税については、毎年1月1日の所有者に対しその年4月に納税通知書が送付されます。そして、その納税期限は4回、多くは、4月末日、7月末日、12月末日、翌2月末日に到来します。したがって、この固定資産税を必要経費に計上する基準は3つあり、納税者はこれらの中から選択することができます。

ア　納税通知書到来日基準

　納税通知書到来日において、1年分の固定資産税を不動産所得の必要経費とします。その固定資産税が、未納であるかどうかを問いません。

イ　納付基準

　実際に納付した固定資産税を必要経費とします。

ウ　納期限到来日基準

　納期限が到来した固定資産税を必要経費とします。

　下記の例で、固定資産税額を納税者のその年分の不動産所得の必要経費とできるかどうかについて、例えば第2期まで納付しているとすれば、次の表のようになります。

納付期	第1期	第2期	第3期	第4期
納付期限日	4月末日	7月末日	12月末日 →実際は休日のため 翌1月4日	翌2月末日
実際の納付	納付	納付	未納付	未納付
納税通知書 到来日基準	○	○	○	○
納付基準	○	○	×（翌年）	×（翌年）
納期限 到来日基準	○	○	○	×（翌年）

❸ 固定資産税を納付する者

　遺産分割協議成立前において、実際に被相続人の固定資産税を納付するのは、納税通知書を送られてきた者であることもよく見受けられます。

　一般に固定資産税の納税義務者に相続が発生した場合は、納税通知書は被相続人の配偶者や、同居人宛に送られてきますが、兄弟姉妹相続となる場合の多くは、被相続人の同居人がいないため、死亡届を提出した者宛に送られてくるようです。

　死亡届を提出した者が相続人を代表する者であるという推測は、ある意味、間違っていないとも考えられますが、たまたま死亡届を提出しただけで、被相続人に係る市税等の徴収金の賦課徴収（滞納処分を除く）及び還付に関する書類を受領する代表者とされるとしたら、異議を申し立てたくなることもありそうです。

　そういった場合は、相続人代表者指定届を固定資産等が所在する市町村に提出することにより、代表者を決めることができます。これは、相

続による所有権移転登記が完了するまでの措置であり、実際の納付義務は各相続人が連帯して負うことになるのですが、未納がある場合には、相続人代表者の方に督促状等が届く場合があります。兄弟姉妹相続の場合、相続人間の距離感が遠く、また、面倒なことに関わりたくないといった相続人も出てきがちですので、市町村により指定された代表者を他の者に指定しなおすのは、なかなかうまくいかないこともあります。

❹ 租税債務以外の費用の帰属

(1) 民法で認められる相続財産に係る費用

　租税債務以外にも、相続財産に関して費用が発生します。例えば、相続財産についての火災保険料や、相続不動産の保存登記費用、相続財産を修理するために必要な費用などの相続財産の保全費用があります。また、相続財産に関する費用とは性質が異なりますが、水道光熱費等の公共料金や賃貸不動産に関する管理手数料等もあります。

　民法では、885条で相続財産に関する費用について「相続財産に関する費用は、その財産の中から支弁する」と定められています。この「相続財産に関する費用」は、「相続が発生した後の遺産分割によって誰がどの財産を相続するかが決まるまで」の期間に、相続財産に関して発生した費用のことを指します。民法では、相続財産に関する費用は、被相続人が負担していた債務ではなくても「相続財産が負担する債務」という意味で、相続債務の一種と考えていることがわかります。

(2) 相続税で認められる相続財産に係る費用

　一方、相続税法では13条において「債務控除」について規定されており、相続財産に関する費用については、「債務控除できる費用に該当しない」と定められています。それは、相続財産の計算をするときに、被相続人にかかる確定債務ではない費用は控除することができないことによります。

⑶　所得税で認められる相続財産に係る費用

　ところで、不動産所得の金額の計算上、必要経費に算入すべき金額のなかに、償却費がありますが、これについて2点注意点があります。

　1つは、相続により取得した本件資産の減価償却費の計算における耐用年数は、耐用年数省令3条1項の中古資産に係る見積もりによる使用可能期間に基づく年数とすることはできないこと、もう1つは、相続により取得した減価償却資産について、償却方法は引き継がないということです。

　相続等により取得した資産について、所得税法施行令126条2項《減価償却資産の取得価額》の規定では、所得税法60条1項《贈与等により取得した資産の取得費等》に規定する相続等により取得した資産が減価償却資産である場合の取得価額は、その減価償却資産を取得した者が引き続き所有していたものとみなした場合におけるその減価償却資産の取得価額に相当する金額とすることとされています。

　また、所得税法60条1項の規定は、同項に規定する相続等によって取得した資産を譲渡した場合における譲渡所得等の金額の計算については、その取得をした者が引き続きその資産を所有していたものとみなすこととされています。

　したがって、相続により取得した資産について、耐用年数省令3条1項の規定に基づき算出した年数により減価償却費を計算することはできず、被相続人から取得価額、耐用年数、経過年数及び未償却残高を引き継いで減価償却費を計算することになります。

　一方、所得税法施行令126条2項では、償却方法を引き継ぐ旨は規定されていません。相続による減価償却資産の「取得」も、自己の購入や建設による「取得」と同様に、所得税法施行令120条の2第1項の「取得」に含まれる（所基通49-1）ことから、償却方法は施行令120条の2の規定により、相続人が選定する方法によって減価償却費の計算をすることになります。新たに業務を始めた場合には、法定の償却方法を採用する場合を

除き、減価償却の方法を選定してその翌年の３月15日までに所轄の税務署長に届け出なければなりません。

3 被相続人の事業を承継しなかった場合

被相続人が個人で事業を営んでいた場合、相続人である兄弟姉妹がその事業を承継することは、極めて稀であると考えられます。被相続人の事業を承継しなかった場合の被相続人の所得計算については次のようになります。

❶ 事業を廃止した場合の必要経費

死亡により事業を廃止した場合において、その事業に係る未収の収入がある場合には、それはその被相続人の本来の相続財産として相続税の課税価額に算入することになります。また、未払の支払については、その負担をした者において、債務控除の金額に含めることになります。

一方、所得税法においては、以下のように定められています。

所得税法63条

居住者が不動産所得、事業所得又は山林所得を生ずべき事業を廃止した後において、当該事業に係る費用又は損失で当該事業を廃止しなかったとしたならばその者のその年分以後の各年分の不動産所得の金額、事業所得の金額又は山林所得の金額の計算上必要経費に算入されるべき金額が生じた場合には、当該金額は、政令で定めるところにより、その者のその廃止した日の属する年分（同日の属する年においてこれらの所得に係る総収入金額がなかった場合には、当該総収入金額があった最近の年分）又はその前年分の不動産所得の金額、事業所得の金額又は山林所得の金額の計算上、必要経費に算入する。

被相続人の準確定申告にかかる事業所得等の計算において控除しきれ

なかった必要経費がある場合においても、前年の事業所得等の計算において、経費の額に加算することとなります。したがって、準確定申告の申告書作成の際、前年の所得税について、更正の請求をすることになります。

　上記「政令で定める金額」は次のものになります（所令179）。

ア　その必要経費に算入されるべき金額が次に掲げる金額のうちいずれか低い金額以下である場合には、当該必要経費に算入されるべき金額の全部を当該廃止した日の属する年分の不動産所得の金額、事業所得の金額又は山林所得の金額の計算上必要経費に算入する。

　a　当該必要経費に算入されるべき金額が生じた時の直前において確定している当該廃止した日の属する年分の総所得金額、山林所得金額及び退職所得金額の合計額

　b　aに掲げる金額の計算の基礎とされる不動産所得の金額、事業所得の金額又は山林所得の金額

イ　その必要経費に算入されるべき金額が前号に掲げる金額のうちいずれか低い金額をこえる場合には、当該必要経費に算入されるべき金額のうち、当該いずれか低い金額に相当する部分の金額については、当該廃止した日の属する年分の不動産所得の金額、事業所得の金額又は山林所得の金額の計算上必要経費に算入し、そのこえる部分の金額に相当する金額については、次に掲げる金額のうちいずれか低い金額を限度としてその年の前年分の不動産所得の金額、事業所得の金額又は山林所得の金額の計算上必要経費に算入する。

　a　当該必要経費に算入されるべき金額が生じた時の直前において確定している当該前年分の総所得金額、山林所得金額及び退職所得金額の合計額

　b　aに掲げる金額の計算の基礎とされる不動産所得の金額、事業所得の金額又は山林所得の金額

❷ 被相続人の事業廃止について争いがある場合

　兄弟姉妹相続であっても、被相続人に同居親族である相続人がいる場合は、相続人と被相続人が同じ場所で別々の事業を営んでいる場合や同じ資格業を営んでいる場合があり得ます。そのような場合では、被相続人の事業を廃止したのか、相続人がその事業を承継したのかが、判然としない場合があります。特に、士業においては、顧客との関係は委任によるものであることから、事務所という形態を有していても、事業としてそれを引き継ぐことができるかどうか、疑問があります。

　親子間相続の例ですが、被相続人の税理士業務は、同人の死亡により所得税法63条に規定する事業の「廃止」があったとした裁決例があります。

> ●平25.7.5裁決・広裁（所）平25-1・J92-2-11
>
> 　平成21年4月に死亡した被相続人は、所有するマンションの1室において税理士事務所を設けて税理士業を営んでいました。この相続に係る共同相続人は、本件被相続人の妻と2人の子となります。
>
> 　被相続人の子Eは、平成元年に税理士登録をしており、本件被相続人の死亡当時、被相続人の事務所内に自らの税理士事務所を設けて税理士業を営んでいました。そして、被相続人の死亡後、同年4月14日に、日本税理士会連合会に対し、被相続人の死亡を理由として、被相続人の「税理士登録まつ消届出書」を提出してその税理士登録を抹消させるとともに、自身の事務所の所在地を「a市d町○－○　被相続人名の税理士事務所内」から「a市d町○－○」に変更した旨記載した「変更登録申請書」を提出しました。Eは、その事務所において、相続により取得又は引き受けた事業用資産及び債務を用い、また、被相続人の事務所等の従業者を使用して、税理士業務を行っていました。また、被相続人の税理士業務に係る関与先については、被相続人の死亡後、全てEがその関与税理士となりました。
>
> 　問題となったのは、相続人が、平成21年7月30日に提出した被相続人の準確定申告において、事業所得に係る必要経費とした次のものです。

ア　事務所に係る平成21年分の固定資産税

　納税通知書が請求人らのもとに到達したのは、被相続人の死亡後でした。

　Ｅは、被相続人の死亡後、この納税通知書に記載された固定資産税等の年税額の合計額を基に、平成21年1月1日から被相続人が死亡した日までの経過月数（12月分の○月）に応じてあん分した金額を、被相続人の税理士業務に係る平成21年分の総勘定元帳の「租税公課」勘定（相手勘定は「未払費用」）に計上しました。

イ　被相続人に係る平成21年分の事業税

　Ｅは、被相続人の死亡後、県税事務所に照会するなどして、被相続人の税理士業務に係る平成21年分の総勘定元帳の「租税公課」勘定（相手勘定は「未払費用」）に、ⅰ）被相続人の平成20年分の事業の所得に係る事業税の金額、ⅱ）被相続人の平成21年分の事業の所得に係る事業税の課税見込額を、それぞれ計上しました。

　県税事務所長は、平成21年8月15日付で、本件被相続人宛に、本件平成20年分事業税の「平成21年度個人事業税納税通知書」を送付し、また、同年10月15日付で、本件被相続人の相続人代表としてＥ宛に、本件平成21年分事業税の金額を記載した「納税通知書兼領収証書」を送付しました。したがって、そのときまで、平成21年分の事業税額はもとより、平成20年分の事業税額も確定していませんでした。

　原処分庁は、被相続人の税理士業務について、本件被相続人の死亡により、所得税法第63条に規定する事業の「廃止」があったとはいえないとして、上記ⅰ）、ⅱ）について、必要経費に算入することはできない等として、更正処分等をしました。

　審判所は、税理士業務の基となる関与先との間の委任契約は、被相続人の専門知識、経験、技能等及びこれらに対する関与先との個人的な信頼関係を基礎とするものであるから、本件被相続人の死亡により、Ｅに承継されることなく終了しており、また、Ｅは、同人の税理士業務について、本件被相続人の関与先との委任契約を新たに締結したことが認められるとしました。

　さらに、被相続人の死亡により、その税理士登録が抹消され、Ｅの税理士名簿に登録された事務所の所在地が「被相続人名の事務所内」を表記しないものに変更されたことが認められることから、Ｅが本件被相続人

> の死亡後に本件被相続人と同様に本件建物内において事業用資産及び債務並びに本件各従業者を用いて税理士業務を行っていたとしても、Ｅの税理士業務は、本件税理士業務とは別個の業務であると認められ、Ｅが本件被相続人の事業を承継し、本件被相続人と同一内容の事業を行っていたとは認められないとしました。
>
> そして、このような本件被相続人の死亡後の法律関係及び事実関係を社会通念に照らして判断すれば、本件税理士業務については、本件被相続人の死亡により、所得税法63条に規定する事業の「廃止」があったと認めるのが相当であるとしました。

　この裁決例は、税理士が税理士事務所を開設する際、「税理士名」＋「税理士事務所」という名称を使わなければならなかった時代のものです。今は税理士事務所の形態も様々ですので、「廃止」の考え方はそのままとはなりません。しかし、委任ということの意味から、これからの事例を見ていく参考になると思います。

❸ 事業税の見込控除と損金算入時期

　事業税のように納期が分割して定められている税額については、ⅰ）年間の事業税額を納税通知書の届いた日、ⅱ）各納期の税額をそれぞれ納期の開始の日、又はⅲ）実際に納付した日の属ずる年分の必要経費に算入することになります。

　しかし、事業を廃止した年分の所得に課税される事業税については、その課税見込税額を廃業年分の所得の計算上必要経費に算入することができます（所基通37-7）。この場合において、その事業税の課税見込額は、次の算式により計算した金額となります。

（A±B）R÷（1＋R）
　　A……事業税の課税見込額を控除する前の当該年分の当該事業に係る所得の金額
　　B……事業税の課税標準の計算上Aの金額に加算し又は減算する金額
　　R……事業税の税率

　そして、上記の取扱いによらない場合には、その事業税の賦課決定があった時において、上記❶・❷で解説した所得税法63条（事業を廃止した場合の必要経費の特例）及び、同152条（各種所得の金額に異動を生じた場合の更正の請求の特例）の規定を適用させることとなります。

　また、いずれの場合であっても未納事業税として相続税において債務控除することができます。

4　金融資産と換金

　金融資産については、例えば定期預金の利子が法定果実に該当し、被相続人に帰属するか、相続人に帰属するかといった問題が生じます。というのは、満期前の定期預金の相続税評価は、「定期預金元本（下図①）＋既経過利子（下図②）－既経過利子（下図③）」で表されます。一方、所得税における定期預金の利子への課税は、満期日にまとめて相続人から源泉徴収されます（下図③＋⑤）。つまり、所得税法においては、相続により、利子所得、配当所得、一時所得又は雑所得の起因となる資産を取得した場合におけるその資産に係る利子所得の金額、配当所得の金額、一時所得の金額又は雑所得の金額の計算については、原則として、その相続人が引き続きその資産を所有していたものとみなして、所得金額の計算をすることとなります（所法67の4）。

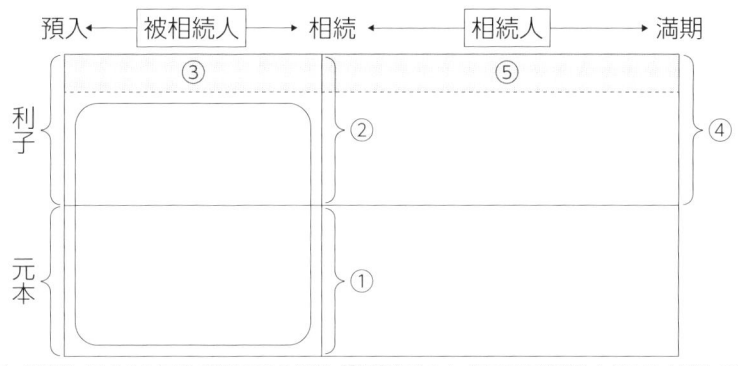

（出典）財務省 平成 23 年度 税制改正の解説『「保険年金」に係る最高裁判決を受けた対応』200 頁

　一方、株式等については、法定果実の問題ではなく、値上り益、あるいは値下り損の問題があります。所得税法60条 1 項は被相続人の取得価額（下図A）が相続人に引き継がれることを規定しており、相続人がその財産を将来譲渡した時点において、被相続人段階での増加分（B）を含む値上がり益（D）に対して、所得税を課すこととなっています。

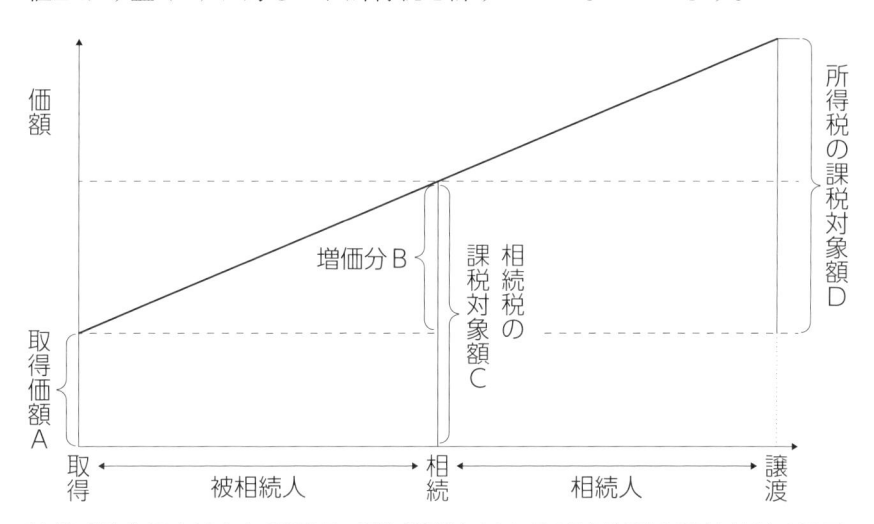

（出典）財務省 平成 23 年度 税制改正の解説『「保険年金」に係る最高裁判決を受けた対応』200 頁

　そして、いずれの場合でも、限定承認（ 2 章104頁参照）に関わるものであるときは、相続開始時に一旦被相続人の所得（③又はB）について課税

関係が確定することとなります。

　もっとも、実務においては、相続開始時の評価額と、その後分割が成立し、相続人が実際に換金したときの価額が乖離することがしばしばあり、相続発生時より下落した場合に相続人間でトラブルが生じることがあります。遺産分割をする際には、相続時の評価額でなく、分割時の所得税額控除後の評価額で考えなければ、トラブルの元にもなり得ます。

5　その他の権利の帰属

❶　配　当

　相続開始後に相続財産である上場株式について配当金が支払われることがあります。

　会社法124条（基準日）では、「株式会社は、一定の日（「基準日」）を定めて、基準日において株主名簿に記載され、又は記録されている株主（「基準日株主」）をその権利を行使することができる者と定めることができる。」としています。このように、会社が一定の日に株主名簿に記載・記録された者を株主とみなして、その者に定時株主総会における議決権行使を認め、また、配当を受領する権利を認めることのできる制度を株主名簿の基準日制度といいます。

　基準日株主は配当を受け取ることができますが、具体的に配当を支払うことが認められるのは、株主総会決議を経た後です。つまり、株主総会の承認を得る前に有する株主の権利は配当を期待できる権利、「配当期待権」となり、承認後に未収配当金となります。

　配当期待権については、次のように評価されます（財基通193）。

配当期待権＝課税時期後に受けると見込まれる予想配当の金額
　　　　　　－当該金額に係る源泉所得税額相当額

　配当期待権については相続税が課される一方、配当支払日に実際に受け取る配当については源泉所得課税がなされており、上述の定期預金の利子と同様の課税関係となっています。

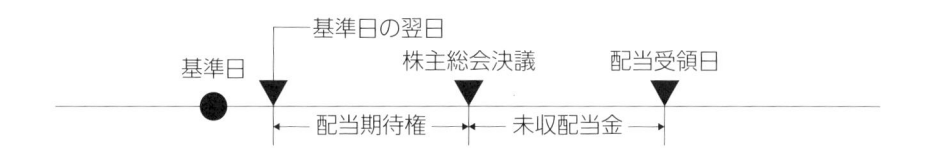

❷ ストックオプション

　ストックオプション制度とは、会社が取締役や従業員に対して、あらかじめ定められた価額（権利行使価額）で会社の株式を取得することのできる権利を付与し、取締役や従業員は将来、株価が上昇した時点で権利行使を行い、会社の株式を取得し、売却することにより、株価上昇分の報酬が得られるという一種の報酬制度を指します。

　ストックオプションは、

　ⅰ）会社が対象者に対しストックオプションを付与する旨の決議をし、

　ⅱ）権利行使できる期間到来後に、

　ⅲ）付与を受けた者が権利行使をして株式を取得し、

　ⅳ）その後取得した株式を譲渡することにより売却益を得る

　という4つの段階を経ることになります。

　被相続人がストックオプションを付与された者であった場合、相続開始時には上記のどの段階にいたかが問題となります。つまり、ストックオプションの目的がインセンティブである以上、ⅰ）の段階で相続が発生した場合、通常その権利は消滅します。ⅲ）、ⅳ）の段階では、その権利は株式や譲渡金に変わっているので、問題となるのはⅱ）の段階となります。そして、財産評価基本通達はⅱ）の段階のストックオプションについて、次のように評価するとしています。

財産評価基本通達193- 2

　その目的たる株式が上場株式又は気配相場等のある株式であり、かつ、課税時期が権利行使可能期間内にあるストックオプションの価額は、課税時期におけるその株式の価額から権利行使価額を控除した金額に、ストックオプション1個の行使により取得することができる株式数を乗じて計算した金額（その金額が負数のときは、0とする）によって評価する。この場合の「課税時期におけるその株式の価額」は、169《上場株式の評価》から172《上場株式についての最終価格の月平均額の特例》まで又は174《気配相場等のある株式の評価》から177- 2 《登録銘柄及び店頭管理銘柄の取引価格の月平均額の特例》までの定めによって評価する（平15課評 2 -15外追加）。

つまり次のようになります。

ストックオプションの評価額
＝（課税時期における株式の価額－権利行使価額）
　×（ストックオプション1個の行使によって取得できる株式数）

「課税時期における株式の価額」は次のうち最も低い価額となります。
ア　最終価格
イ　課税時期の月の毎日の最終価格の平均額
ウ　課税時期の月の前月の毎日の最終価格の平均額
エ　課税時期の月の前々月の毎日の最終価格の平均額

ストックオプションについては、被相続人の権利か相続人の権利かが問題となることはないようですが、以下のような場合には注意する必要があります。
①　新株予約権割当契約書において、被付与者が死亡した場合には、その被付与者はその権利を放棄するという放棄条項が定められていた場合

② 「被付与者が死亡した場合には、6か月以内に、ストックオプションとしての新株予約権を承継する者を1人に限定して、遺産分割協議書を携えて、会社に連絡しなければ、権利の行使を認めない。」という相続人による権利行使条項が定められていた場合

③ 被付与者が死亡した場合に備えて、予めストックオプションとしての新株予約権を承継する者を届け出ることとなっている場合

①の場合はストックオプションの権利は被相続人限りとなるため、相続人にその権利が引き継がれることはありません。②の場合は、相続人に権利は引き継がれますが、未分割状態での権利の行使はできません。③の場合は、相続開始と共にあらかじめ指定していた相続人がその権利を引き継ぎます。

ストックオプションの場合は、権利を行使する権利ですので、権利行使前に法定果実の問題は生じませんが、上記②、③のような指定がない場合は、共同相続人全員の合意により権利行使をして、取得した株式について配当が生じる可能性もあります。

なお、国税庁のホームページは、「役員に付与されたストックオプションを相続人が権利行使した場合の所得区分（6か月以内に一括して行使することが条件とされている場合）」という照会事例を掲載していますので、参考のためここで引用します。

【照会要旨】

　A社では、在任中の取締役等に対して、権利行使価額を1株当たり1円とする新株予約権（以下「本件新株予約権」といいます。）を付与しています。この新株予約権は、A社の取締役等の地位を喪失した日の翌日から10日間以内に本件新株予約権の全部を一括して権利行使しなければならず、また、被付与者が死亡した場合には、相続人の1人が本件新株予約権の全部を承継することとし、承継した者は本件新株予約権の承継につ

いてＡ社が認めた日から６か月間に限り一括して権利行使することができることとされています。

　相続により承継した新株予約権については、相続財産として相続税の対象となりますが、相続人がその権利を行使した場合の権利行使益に係る所得は、いずれの所得に区分されますか。

【回答要旨】

　一時所得に該当します。

　取締役等に対してインセンティブ報酬として付与されたストックオプションの相続人が権利行使した場合の権利行使益は、業務に関するものではなく、また、雇用契約等に基づく従属的労務の対価でもないことから、事業所得、給与所得又は退職所得には該当しません。

　ストックオプションに係る権利を相続により取得した相続人が、その取得後長期間にわたってその権利を行使することができ、権利行使回数にも制限がないような場合には、相続人が株価の動向等をみて権利行使するか否かを判断し、その所得の実現も複数回となり得ることから、一時の所得とは認められませんが、照会の場合には、被付与者の権利が相続により相続人に承継されるものであり、相続人は、発行会社が承継を認めた日から６か月以内に権利の全部を一括して権利行使することとされていますので、一時の所得と認められます。

　また、相続人において生ずる権利行使益は発行法人から相続人に与えられた給付と解されるところ、相続人は発行会社に対して何ら役務の提供を行っていないことから、その権利行使益は、労務その他の役務の対価としての性質は有しておらず、また、このような権利行使益は、債権的権利の行使による給付ですが、その権利行使と給付は、権利の移転又は消滅の対価として与えられるという関係にはなく、権利の行使をもって資産の譲渡の対価たる性質を有しているということはできません。

　以上のことから、本件新株予約権の相続人による権利行使益は、対価性のない一時の所得と認められ、一時所得に該当します。

　この事例では、相続人の権利行使に制限が付されているストックオプションについてのものですが、このような制限は実際の運用例に則した

ものと考えられます。また、相続人がその権利を行使した場合の権利行使益に係る所得の区分ですが、上記と同じ理由から、基本的に一時所得か雑所得であると考えられ、発行会社が承継を認めた日から6か月以内に権利の全部を一括して権利行使するという要件から、雑所得ではなく一時所得であると判定しています。

❸ 職務発明報酬

発明者の相続人が支払を受ける職務発明報酬について、国税庁のホームページに照会事例が掲載されています。照会要旨は次の通りです。

【照会要旨】

Aは、5年前に死亡により退職するまでX社に勤務し、医薬品に係る数々の職務発明について、その特許を受ける権利をX社に承継させており、X社の職務発明規程に基づき、職務発明報酬（出願補償金、登録補償金及び実績補償金）として総額30万円の支払を受けていました。

X社は、4年前に職務発明規程を改正し、実績補償金の上限金額を撤廃するとともに、その10年前の日（以下「起算日」といいます。）以降、特許として有効に存続する職務発明を使用している全製品にまでその対象を拡大しました。

そこで、Aの妻Bは、X社に対して改正後の職務発明規程に基づきAが生前に行った職務発明に係る実績補償金の支払を求めて提訴したところ、本年に、X社がBに対して総額2,500万円の金員を支払うことで和解が成立しました。なお、この実績補償金の額は、起算日から昨年まで（13年間）の製品売上高をベースに計算された職務発明報酬相当額です。

この実績補償金（和解金）の課税関係はどのようになりますか。

この照会事例は所得税に関するものですが、そもそもこの職務発明報酬は被相続人であるAの職務発明について支払われるものであることから、相続財産に該当しないかどうかの確認も必要であると考えます。

　これについて参考となるのが、東京地裁平成23年9月12日判決における判示内容です（Z261-11763）。その事例ももともと所得税に関するもので、職務発明をした従業員等が使用者等に特許を受ける権利等を承継させたときに保障される「相当の対価の支払を受ける権利」（特許法35③）に基づき、裁判上の和解により支払われた和解金の所得区分についてのものでした。概要は次の通りです。

●東京地判平23.9.12・Z261-11763

　被相続人Aは、勤務先で職務発明を行い、同職務発明に係る特許を受ける権利を同勤務先に承継させた後に死亡しました。相続人である原告Xらは、上記特許を受ける権利を勤務先に承継したことによる相当の対価について、同勤務先に対しその支払を求める訴訟を提起し、平成19年に和解が成立しました。Xらは、本件和解により受領した和解金は一時所得に当たるとして、平成19年分の所得税の確定申告書を提出したところ、原処分庁は、本件和解金は雑所得に当たるとして、更正処分及び過少申告加算税の賦課決定処分を行いました。そこで、Xらは、本件和解金は、本件和解の性質からして、Aの未収債権（本来、Aの譲渡所得として課税されるべきもの）を相続により取得した金員に当たるものであり、同人らの所得には当たらないとして所得税の更正の請求をし、これに対し原処分庁は、更正をすべき理由がない旨の通知処分をしたため、争いとなりました。

　争点は、ⅰ）Xらが取得した本件和解金は、平成19年分に帰属すべき所得か、ということと、ⅱ）本件和解金の所得区分（雑所得か、一時所得か）です。

　そして、裁判所は、本件和解金の帰属年分について、次のように判断しています。

　所得税法は、現実の収入がなくても、その収入の原因たる権利が確定的に発生した場合には、その時点で所得の実現があったものとして、当該権利発生の時期の属する年度の課税所得を計算するという建前（いわゆる権

利確定主義）を採用しているものと解されるが、収入の原因となる権利が確定する時期は、それぞれの権利の特質を考慮し決定されるべきものであり、収入の原因となる権利が確定したというためには、単に権利の発生要件が満たされたというだけでは足りず、客観的にみて権利の実現が可能な状態になったことを要するというべきである。

　Ｘらが得た本件和解金は、ⅰ）Ｘらは、勤務先が特許を受ける権利の承継について支払った額が、特許法35条3項及び4項所定の「相当の対価」の額に満たないとして、その不足額の支払を求める別件訴えを提起し、同訴えにおいては、同不足額及びその支払を求める権利の存否が争われていたこと、ⅱ）上記ⅰ）に述べた「相当の対価」の額に不足する額の支払を求める権利の具体的内容を定めることは、相当に複雑で技術的にも困難を伴うものであったこと、ⅲ）上記の各規定に基づく職務発明について、特許を受ける権利等の承継についての相当の対価の請求権は、抽象的には当該承継の時点で発生するものであるものの、相当の対価の具体的内容は、最終的には同条4項の規定の趣旨・内容に合致するか否か等を検討して定まるものであることなどに照らすと、Ｘらの収入である本件和解金の原因たる権利については、本件和解が成立した時点において、初めて、客観的にみて同権利の実現が可能な状態になったものと認められ、その時点をもって収入の原因となる権利が確定したものと認めるのが相当である。

　つまり、権利確定時期は、和解が成立した時点と認定しているところから、この権利は被相続人ではなく、相続人に帰属するものということになります。もっとも、判示にあるように特許を受ける権利等の承継についての相当の対価の請求権は、抽象的には当該承継の時点で発生することより、実際に実現した権利は、相続分にしたがって相続人に帰属することになります。

第**3**節 遺産分割前の問題点

1 法定果実の分割と民事上の取扱い

　相続開始により、相続人は被相続人の財産に属した一切の権利義務を承継し、各共同相続人は、その相続分に応じて被相続人の権利義務を承継することから、相続財産に係る法定果実についても、各共同相続人は、原則として法定相続分に応じて取得することになります（民896・899）。

← 被相続人の所得 →→各共同相続人が相続分に応じて取得

▲
相続開始

　そして、遺産分割により、共同相続の対象となった相続財産を相続分に応じて分割し、各相続人の単独財産に決定することから、法定果実についても、その法定果実に係る相続財産を取得した相続人が取得することとなります。

　ところで、民法909条は、「遺産の分割は、相続開始の時にさかのぼってその効力を生ずる。」とあります。となると、遺産分割未了時に、各共同相続人が法定相続分に応じて取得した法定果実についても、遡って、その法定果実に係る相続財産を取得した相続人が取得することとなるのかどうか、疑問が生じます。

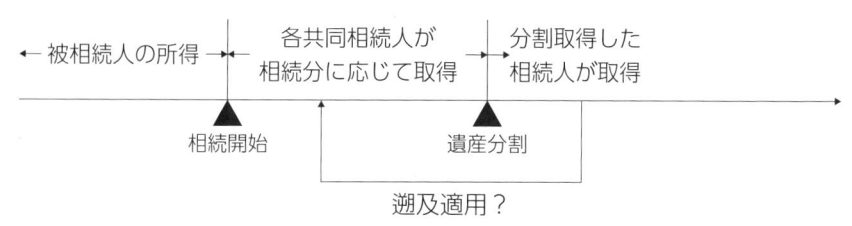

　例えば、相続財産に賃貸不動産があるときに、その賃貸不動産から生ずる家賃収入の帰属を考えた場合、実務的には、遺産分割によりその賃貸不動産を取得した者が、その家賃収入を取得することが多いと思います。また、遺産分割について争いがあり、調停や審判などを経た場合には、家賃収入の帰属を含めて全員で合意することとなるため、問題は生じません。しかし、そのような合意がない場合、民法ではどのように判断するのでしょうか。

　この件に関し、相続開始から遺産分割までの間に遺産である賃貸不動産から生ずる賃料債権は、各共同相続人がその相続分に応じて分割単独債権として確定的に取得するものと解するのが相当であり、後にされた遺産分割の影響を受けないとし、原判決を破棄し、差し戻しを命じた最高裁判決があります。

　事実関係の概要は次のとおりです。

●最（一小）判平17.9.8・民集第59巻7号1931頁

①　Aは、平成8年10月13日に死亡し、その法定相続人は、妻である被上告人のほか、子である上告人、B、C及びD（以下、この4名を「上告人ら」といいます）です。

②　被上告人及び上告人らは、Aの遺産である各不動産（以下「本件各不動産」といいます）から生ずる賃料、管理費等について、遺産分割により本件各不動産の帰属が確定した時点で清算することとし、それまでの期間に支払われる賃料等を管理するための銀行口座（以下「本件口座」という）を開設し、本件各不動産の賃借人らに賃料を本件口座に振り込ませ、また、その管理費等を本件口座から支出してきました。

③　大阪高等裁判所は、平成12年2月2日、同裁判所平成11年（ラ）第687号遺産分割及び寄与分を定める処分審判に対する抗告事件において、本件各不動産につき遺産分割をする旨の決定（以下「本件遺産分割決定」といいます）をし、本件遺産分割決定は、翌3日、確定しました。

④　本件口座の残金の清算方法について、被上告人と上告人らとの間に紛

争が生じ、被上告人は、本件各不動産から生じた賃料債権は、相続開始
の時にさかのぼって、本件遺産分割決定により本件各不動産を取得した
各相続人にそれぞれ帰属するものとして分配額を算定すべきであると主
張し、上告人らは、本件各不動産から生じた賃料債権は、本件遺産分割
決定確定の日までは法定相続分に従って各相続人に帰属し、本件遺産分
割決定確定の日の翌日から本件各不動産を取得した各相続人に帰属する
ものとして分配額を算定すべきであると主張しました。

⑤　被上告人と上告人らは、本件口座の残金につき、各自が取得すること
に争いのない金額の範囲で分配し、争いのある金員を上告人が保管し
（以下、この金員を「本件保管金」といいます）、その帰属を訴訟で確定
することを合意しました。

　訴訟では、被上告人が、上告人に対し、被上告人主張の計算方法によれ
ば、本件保管金は被上告人の取得すべきものであると主張して、上記合意
に基づき、本件保管金及びこれに対する訴状送達の日の翌日である平成
13年6月2日から支払済みまで民法所定の年5分の割合による遅延損害
金の支払を求めるものでした。そして原審は、上記事実関係の下で、「遺
産から生ずる法定果実は、それ自体は遺産ではないが、遺産の所有権が帰
属する者にその果実を取得する権利も帰属するのであるから、遺産分割の
効力が相続開始の時にさかのぼる以上、遺産分割によって特定の財産を取
得した者は、相続開始後に当該財産から生ずる法定果実を取得することが
できる。そうすると、本件各不動産から生じた賃料債権は、相続開始の時
にさかのぼって、本件遺産分割決定により本件各不動産を取得した各相続
人にそれぞれ帰属するものとして、本件口座の残金を分配すべきである。
これによれば、本件保管金は、被上告人が取得すべきものである。」と判
断し、被上告人の請求を認容すべきものとしました。

　これに対し、最高裁では、原審の判断は是認することができないので、
原判決は破棄を免れないとし、本件については、更に審理を尽くさせる必
要があるから、本件を原審に差し戻すこととするとしました。その理由
は、次のとおりです。

　遺産は、相続人が数人あるときは、相続開始から遺産分割までの間、共同相続人の共有に属するものであるから、この間に遺産である賃貸不動産を使用管理した結果生ずる金銭債権たる賃料債権は、遺産とは別個の財産というべきであって、各共同相続人がその相続分に応じて分割単独債権として確定的に取得するものと解するのが相当である。遺産分割は、相続開始の時にさかのぼってその効力を生ずるものであるが、各共同相続人がその相続分に応じて分割単独債権として確定的に取得した上記賃料債権の帰属は、後にされた遺産分割の影響を受けないものというべきである。

　したがって、相続開始から本件遺産分割決定が確定するまでの間に本件各不動産から生じた賃料債権は、被上告人及び上告人らがその相続分に応じて分割単独債権として取得したものであり、本件口座の残金は、これを前提として清算されるべきである。

　つまり、法定果実である賃料債権は、遺産とは別個の財産であって、遺産分割が遡及適用されるとしても、法定果実はその影響を受けないとしたものです。

② 未分割財産に係る法定果実についての所得税の申告

❶ 家賃と未分割申告

　相続財産について遺産分割が確定していない場合のその相続財産から生じる所得の取扱いについて、国税庁ホームページタックスアンサー（No.1376「不動産所得の収入計上時期」）には、次のようにあります。

　相続財産について遺産分割が確定していない場合、その相続財産は各共同相続人の共有に属するものとされ、その相続財産から生ずる所得は、各共同相続人にその相続分に応じて帰属するものとなります。したがって、遺産分割協議が整わないため、共同相続人のうちの特定の人がその収益を

> 管理しているような場合であっても、遺産分割が確定するまでは、共同相続人がその法定相続分に応じて申告することとなります。
>
> 　なお、遺産分割協議が整い、分割が確定した場合であっても、その効果は未分割期間中の所得の帰属に影響を及ぼすものではありませんので、分割の確定を理由とする更正の請求又は修正申告を行うことはできません。

　このタックスアンサーからは、少なくとも3つのことが読み取れます。

i）相続財産から生ずる所得は、未分割期間中は共同相続人がその法定相続分に応じて申告すること

ii）未分割期間中の所得を法定相続分に応じて申告した後は、遺産分割が成立しても、さかのぼって申告内容の修正はできないこと

iii）未分割期間中の収益を実際は誰が管理したかということと所得税の申告は別であること

　このii）について、実務上は、相続開始年分に分割が成立した場合、当初申告から分割取得した相続人の所得として申告することもよく行われてきたようです。しかし、平成17年の最高裁判決から、所得の帰属関係は明白ですので、遺産分割前の所得について、さかのぼって遺産分割の効果を反映させることは間違いといえます。各税務署が確定申告前の研修会等で配布する間違いやすい事例集などでも、遺産分割前の期間については、相続人の共有として申告するというのが正しい旨が明記されています。

　さらに、iii）について、最終的にその賃貸不動産を取得しない相続人について、共有状態にあったときの家賃の配分を受けないとしても、所得税の申告納付義務だけ生じることとなります。未分割時の家賃の帰属関係は、先の最高裁判決で明白ですので、家賃の配分をしないということは、贈与税の課税関係が生じる可能性もあります。

　実務的には、遺産分割の際にその分を加味した話し合いが行われることも多いようです。しかし、税務的には、遺産分割はあくまでも相続財

産について行われるものであって、相続財産に該当しない法定果実の収得の問題は、遺産分割ではなく、法定果実からくる損益の分配として、別個解決すべきということになります。つまり、心情的に加味した遺産分割は問題ないが、法定果実の金額を明らかにしてその金額を加減したような場合は、その部分は遺産分割から外して、相続税の申告を行うべきです。

❷ 相続分についての決まり

(1)　法定相続分と指定相続分

　法定果実の帰属の問題として、法定相続分を念頭に論じてきましたが、最高裁判決では、正しくは「相続分」の割合により賃料を分割取得するとしています。この相続分については、法定相続分だけでなく、遺言による指定がある場合には指定相続分、特別受益を考慮した上での相続分、それに加え寄与分も考慮した上での相続分（具体的相続分）について、どのように取り扱われるか疑問が生じます。

　相続分の指定とは、遺言により、共同相続人の全部又は一部の者について、法定相続分の割合とは異なった割合で相続分を定め、またはこれを定めることを第三者に委託することをいいます（民902）。通常は、「甲野春子、甲野一郎、甲野二郎の相続分を各3分の1ずつとする」とか、「甲野春子に遺産の50%、甲野一郎に30%、甲野二郎に20%を与える。」などというように、相続財産全体に対する割合で指定がなされます。兄弟姉妹相続の場合であっても、特に近しい者がいる場合は、このような指定がなされることもあり得ます。

　相続分の指定がなされると、法定相続分に優先して各共同相続人の相続分が定まります。相続分の指定がなされただけの場合には、各遺産の最終的な帰属先はまだ未確定なため、共同相続人は、指定相続分に基づいて遺産分割をする必要があります。民法899条では、「各共同相続人は、その相続分に応じて被相続人の権利義務を承継する。」ということから、

相続分の指定がなされた場合は、未分割時の法定果実の帰属は、指定相続分によることになります。

　また、義務についても指定相続分に応じた負担割合となると考えられますが、それはあくまでも相続人の内部関係においての話であり、相続債務については、相続分の指定がなされた場合でも、債権者は相続分の指定に拘束されず、法定相続分に従って請求することができると考えられています。

(2)　特別受益と寄与分

　これに対し、民法では具体的相続分として、特別受益と寄与分を認めています。

　特別受益とは、相続人が被相続人から生前に贈与を受けていたり、相続開始後に遺贈を受けていたりと、特別に被相続人から利益を受けていることをいいます。特別受益を受けたものが共同相続人の中にいる場合に、法定相続分通りに相続分を計算すると、不公平な相続になってしまいます。

　このような不公平な状態を是正するため、民法903条で特別受益がある場合の相続分の計算が規定されています。このような特別受益を考慮した計算方法によって出された相続分を具体的相続分といいます。

　また寄与分とは、被相続人の財産形成に貢献してきた相続人、又は被相続人の療養看護に努めてきた相続人等、被相続人の生前に被相続人に対して何らかの貢献をしてきた相続人と、他の相続人との公平さを図るために設けられた制度のことです。

　なお、2019〜2020年施行予定の改正民法相続法（74頁参照）では、相続人以外の者の寄与分を認め、相続人に金銭の支払いを請求できるようになります（新民法1050）。

　寄与分がある相続人は、法定相続分プラス相続財産から寄与分の額が上乗せされます。つまり通常の法定相続分の計算とは少し計算方法が変

化します。民法904条の2では、「共同相続人中に、被相続人の事業に関する労務の提供又は財産上の給付、被相続人の療養看護その他の方法により被相続人の財産の維持又は増加について特別の寄与をした者があるときは、被相続人が相続開始の時において有した財産の価額から共同相続人の協議で定めたその者の寄与分を控除したものを相続財産とみなし、第900条（法定相続分）から第902条（遺言による相続分の指定）までの規定により算定した相続分に寄与分を加えた額をもってその者の相続分とする。」とあります。

特別受益と寄与分については、未分割時の法定果実の帰属に影響させるべきかどうかは、先の最高裁判決でも明らかになっていません。しかし、民法では相続分として、これらを含めて規定していますから、それを加味したところで税務申告をした場合、それは認められるべきものと考えます。

❸ 限定承認をした場合

相続が開始した場合，相続人は次の3つのうちのいずれかを選択できます（民922）。

① 相続人が被相続人の権利・義務をすべて受け継ぐ単純承認

② 相続人が被相続人の権利や義務を一切受け継がない相続放棄

③ 被相続人の債務がどの程度あるか不明ではあるが、財産と債務を比べると財産の方が多くなる可能性がある場合等に、相続人が相続によって得た財産の限度で被相続人の債務の負担を受け継ぐ限定承認

これまでは、単純承認の場合を前提に論じてきましたが、ここでは③限定承認をした場合の法定果実の取扱いについて取り上げます。

まず、相続人が限定承認をする場合は、相続放棄をした相続人以外の相続人全員が共同で、自己のために相続の開始があったことを知ったときから3か月以内に、家庭裁判所にその旨の申述をすることになります。

そして、限定承認者又は相続財産管理人は、相続財産の清算手続を行います。

　限定承認をした場合の法定果実の取扱いとして、国税庁のホームページに「限定承認をした相続財産から生じる家賃」という次の質疑応答事例が掲載されています。

【照会要旨】

　相続人であるＡ及びＢは、民法第922条《限定承認》に規定する限定承認をすることとしました。

　ところで、相続財産の中には貸家が含まれており、毎月家賃収入が生じていますが、この収入は相続人であるＡ及びＢに対する所得として課税されますか。

【回答要旨】

　相続人であるＡ及びＢに対する所得として課税されます。

　限定承認とは、被相続人の残した債務等を相続財産の限度で支払うことを条件として相続を承認する相続人の意思表示による相続形態をいい、いわば条件付の相続にすぎず、その相続財産から生じる果実に対する課税関係については、単純承認の場合と特に異なる取扱いをする必要は認められません。

　なお、相続財産から生じる所得は、それぞれの相続人の相続持分に応じて課税されます。

　この回答について、限定承認の結果、貸家を相続人が取得できずに、競売に至った場合もそうなのか等の疑問が残ります。そこで、限定承認の手続きをもう少しみていきます。

　限定承認をするためには、被相続人の最後の住所地を管轄する家庭裁判所に対して、限定承認の申述をしなければなりません。この申述は、限定承認の申述書という書面に相続財産目録を添付して提出する方法によって行います。

　限定承認の申述書を提出した後、家庭裁判所がその申述を受理するとの判断がされたら、申述受理の審判がなされ、家庭裁判所から限定承認受理について通知書が送られてきます。

　次に共同相続人がいる場合には、家庭裁判所によって、申述受理審判と同時に相続財産管理人選任の審判がなされ、共同相続人のうちの１人が相続財産管理人に選任されることになります。そして、相続人が１人の場合は限定承認者が、それ以外の場合は相続財産管理人が、相続財産の清算手続を始めます。具体的には、まず、限定承認者は、受理審判後５日以内に「限定承認をしたこと及び一定の期間内にその請求の申出をすべき旨」を官報に公告します。相続財産管理人の場合は、10日以内に上記官報公告をします。また、知れたる債権者に対しては、別途、請求申出の催告書を配達証明付きの内容証明郵便で郵送します。

　請求申出の官報公告・催告をした後は，限定承認者又は相続財産管理人は、相続財産を管理しつつ、それを順次、換価処分していきます。もっとも、相続人には先買権がありますので、財産を取得したい者がいる場合は、家庭裁判所に対して、鑑定人選任申立てをして、選任された鑑定人にその相続財産を鑑定評価してもらい、その金額を相続人が自身の固有財産から支払うことができれば，その相続財産を取得することができます。

　官報公告期間が満了し、相続財産をすべて換価処分したならば、限定承認者又は相続財産管理人は、その金銭を請求申出をしてきた相続債権者に弁済していくことになり、すべての債権者に全額支払い切れない場合には、それぞれの債権額の割合に応じて案分弁済することになります。請求申出をした受遺者がいる場合には、相続債権者への弁済をしてなお余りがあった場合に、相続債権者への弁済の後に弁済します。

　請求申出をしてきた相続債権者および受遺者に対しての弁済をしてもなお、相続財産にプラスがある場合には，その残余財産の処理が必要となります。官報公告期間中に請求申出をしなかった相続債権者や受遺者

で、限定承認者又は相続財産管理人が知らなかった者から請求があった場合には、残余財産から弁済をすることになります。なお残余財産があれば，限定承認者がそれを取得し，共同相続人がいれば，遺産分割をすることになります。

　一方、所得税法では、限定承認に係る相続により居住者の有する山林（事業所得の基因となるものを除く）又は譲渡所得の基因となる資産の移転があった場合には、その者の山林所得の金額、譲渡所得の金額又は雑所得の金額の計算については、その事由が生じた時に、その時における価額に相当する金額により、これらの資産の譲渡があったものとみなすとしています（所法59①）。これをさきほどの手続きと照合していきます。

限定承認手続き	財産の移動	課税関係等
①相続開始	被相続人から相続人へ財産が移動	被相続人の譲渡所得発生
②限定承認の申述	——	——
③限定承認の受理	——	——
④清算手続き開始	——	——
⑤先買権の行使又は競売	換価手続きの対象となった場合は相続人から取得者へ財産が移動	共同相続人について譲渡所得（原則零）発生
⑥清算手続き終了	——	——
⑦残余財産について分割	換価手続きの対象とならなかった場合に共有から単独所有に	相続税の申告

　そうすると、表の①～⑤又は①～⑦の間は、相続財産は共同相続人間で共有となっていることになり、この間に生じた法定果実は、共同相続人が相続分にしたがって、取得するということになります。そこで、上述の照会事例の結論、「相続財産から生じる所得は、それぞれの相続人の相続持分に応じて課税されます。」ということになるのです。

❹ 実際の申告における注意点──青色申告

　被相続人が不動産所得、事業所得及び山林所得を営んでおり、相続人がこれらの事業を継ぐ場合には、青色申告承認申請書の提出を検討する必要があります。兄弟姉妹相続の場合は、どちらかというと事業所得等を継ぐことよりも、収益不動産を相続取得することにより、不動産所得が生じることとなることの方が多いでしょう。

　青色申告の承認を得ることにより、所得税の計算では、青色申告特別控除、青色事業専従者給与、貸倒引当金の繰入、純損失の繰越しと繰戻しの適用を受けることができるようになります。また、従業員の数が常時1,000人以下であれば、取得価額が30万円未満である減価償却資産を取得などして事業の用に供した場合には、その取得価額に相当する金額を損金の額に算入することができます。

　相続人がその年の所得税につき、青色申告としたい場合には、その年の3月15日又は事業開始日（相続により事業を承継したのであれば相続開始日）から2か月以内のいずれか遅い日までに、承認申請書を所轄税務署長に提出しなければなりません（所法144）。

　しかし、被相続人も青色申告の承認を受け、申告を行っていたならば、次の日が提出期限となります（所基通144-1）。

青色申告者である被相続人死亡の日	承認申請書提出期限
その年の1月1日〜8月31日	①被相続人の死亡による準確定申告書の提出期限である相続の開始を知った日の翌日から4か月以内（ただし、その期限が次の②、③の日後に到来するときは、その日）
その年の9月1日〜10月31日	②その年の12月31日まで
その年の11月1日〜12月31日	③その年の翌年の2月15日まで

　収益不動産を誰が取得するかはっきりしている場合はその取得をする者が承認を受けることになりますが、誰が取得するか不明な場合や、未分割期間が長引きそうな場合は、とりあえず共同相続人全員が承認申請書を提出しておくというのも、ひとつの実務的な対応となります。

⑤ 実際の申告における注意点──共有物件

　共有資産が減価償却資産である場合に、10万円未満の少額資産の特例又は30万円未満の中小企業者の少額減価償却資産の特例を適用する際の取得価額はどのようになるかという疑問があります。これは、共有者全員の取得価額で判定するのではなく、自己の持分に対応する部分の価額により判定することとなります。

　また、修繕費と資本的支出の区分における20万円又は60万円の判定も、同様に自己の持分に対応する部分の価額により判定することとなります（所基通37-12・37-13）。

遺産分割後の問題点

1　債務と不合理分割

　相続財産の中に収益不動産があっても、それが被相続人の銀行借入金の担保に供されているような場合、収益不動産を取得した相続人がその借入金を引き受けるのが普通でしょう。しかし、兄弟姉妹相続の場合であっても、家長的な長兄がおり、一方で病弱などの理由であまり生活力のない弟や妹がいるようなケースでは、被相続人の借入金の大半を長兄が引き受け、弟や妹に収益不動産の大半を分け与えるような例もあります。

　長兄にはもともと不動産所得があり、承継した銀行借入金の利子はすべてその必要経費として控除するつもりでした。このような場合の税務上の問題点を検証します。

❶ 不動産所得の計算上の問題

　一方で、不動産所得の金額の計算上、必要経費に算入すべき金額は、別段の定めがあるものを除き、これらの所得の総収入金額に係る売上原価その他当該総収入金額を得るため直接に要した費用の額及びその年における販売費、一般管理費その他これらの所得を生ずべき業務について生じた費用（償却費以外の費用でその年において債務の確定しないものを除く）の額とするとされています（所法37）。つまり、上記の例のように、不動産の持分と借入金の負担割合が異なる場合、不動産の持分に対応する借入金についての借入金利息の額に限られます。

　つまり、長兄の不動産所得の必要経費とできる負債の利子は、実際に

負担した額にかかわらず、その借入金に対応する収益不動産のうち、長兄が取得した部分の金額に限られることとなります。では、長兄の不動産所得から控除できなかった負債の利子について、弟妹の不動産所得から控除できるかといえば、所得税基本通達56-1（親族の資産を無償で事業の用に供している場合）にも該当しませんので、それもできません。

❷ 相続税における債務控除についての問題

　不合理分割をした場合には、相続税の申告においても問題が生じます。

　この例だと長兄は弟妹のために、債務のほとんどを引き受け、財産は少ししか取得しないということになります。つまり、引き受けた債務の大半は、その相続財産から控除できない、債務等超過額となってしまいます。そしてこの債務等超過額は、民法900条から902条までの事由により生じたもの、つまり、法定相続分、代襲相続分、指定相続分によるものでないため、他の共同相続人又は包括受遺者から控除することはできません（相基通13-3）。そのため、長兄の相続税負担だけでなく、全体の相続税額自体が増加することとなります。単純化して、長兄と弟のみが相続人であるとして例示します。

```
例：相続財産　収益不動産　　　　　　3億円
　　　　　　　　金融資産等　　　　6,000万円
　　　　　　　　借入金　　　▲2億7,000万円
　　　相続人　　兄、弟
```

●法定相続分で分割した場合

	兄	弟	計
財産	180,000,000	180,000,000	
債務	▲135,000,000	▲135,000,000	
純資産価額	45,000,000	45,000,000	
課税価格			90,000,000
基礎控除			42,000,000
課税遺産総額			48,000,000
相続税の総額			6,200,000
按分割合	0.5	0.5	
各人の相続税額	3,100,000	3,100,000	
納付税額	3,100,000	3,100,000	6,200,000

●不合理分割をした場合

	兄	弟	計
財産	60,000,000	300,000,000	
債務	▲270,000,000		
純資産価額	0	300,000,000	
課税価格			300,000,000
基礎控除			42,000,000
課税遺産総額			258,000,000
相続税の総額			34,600,000
按分割合	0	1.0	
各人の相続税額	0	34,600,000	
納付税額		34,600,000	34,600,000

　弟や妹に対する援助は必要かもしれません。しかし、上記のような方法はベストとは言えなさそうです。贈与や信託などを組み合わせた、もっ

と効果的なスキームも検討する必要がありそうです。

2　遺留分減殺請求と法定果実

　兄弟姉妹相続の場合であっても、特に寿命を意識した被相続人が、自分の財産を近しい相続人の1人にすべて譲るとの遺言を残すこともあります。特に、兄弟姉妹のほとんどがすでに鬼籍に入っており、甥姪とは全く行き来がないような場合はなおさらです。そのようなケースで、財産を取得しなかった相続人が、遺留分減殺請求*をすることも考えられます。

　　＊なお、2019〜2020年施行の改正民法相続法（74頁参照）では、遺留分減殺請求は
　　　金銭の支払い請求となるため、価額弁償金を支払った場合と同様の取扱いとな
　　　ります（新民法1046①）。本書における以下の記述は現行民法に基づいています。

　遺留分減殺請求があったならば、遺留分侵害者はその返還すべき財産のほか、減殺の請求があった日以後の果実を返還しなければならないとされています（民1036）。そこで、遺留分権利者は、話し合いにより解決できないときは、自分の遺留分と法定果実の分を請求するため、遺留分減殺請求訴訟と果実返還請求訴訟を起こすことになります。

　このような遺留分減殺請求訴訟等において成立した和解に基づき受領した金員の税務的性質をめぐって争われた裁決事例があります。

●平27.7.17裁決・大裁（所・諸）平27-5・F0-1-575
　被相続人は、平成8年3月15日付遺言公正証書により、その所有する財産の全部を包括して四男に相続させる旨の遺言をした後死亡しました。この裁決の審査請求人である納税者の長男は、平成19年12月11日、四男に対し、遺留分減殺請求の意思表示をし、さらに四男を相手取り、遺留分減殺請求に基づき、相続財産である賃貸マンションにつき、平成19年12月11日の遺留分減殺を原因とする持分8分の1（遺留分）の所有権移転

登記手続等を求める訴え、及び、民法第1036条の規定による果実返還請求権に基づき、法定果実分1,000万円及び遅延損害金の支払を求める訴えを提起しました。

　その後、請求人と四男との間で訴訟上の和解が成立し、請求人は、遺留分減殺請求により、四男から価額弁償を受けるまでの間、被相続人の遺産のうち0.050481899682の割合に相当する持分を有すること、四男は被相続人の遺産に対する納税者の持分の価額から四男が請求人に対し支払を求めることができる債権額を控除した残額を支払えば、被相続人の遺産に対する請求人持分の返還を免れることを相互に確認し、また、四男は賃貸マンションの平成19年12月11日から平成25年７月31日までに生じた法定果実の額（売上高たる収受賃料から宣伝広告費、水道光熱費、消耗品費、支払保険料、修繕費、公租公課及び雑費を控除した額）に、請求人の持分を乗じた金額の支払義務を負うことを認め、平成25年７月31日、これらの金員を支払いました。

　原処分庁は、上記果実精算分の金員は相続財産である賃貸マンションの賃料収入の一部であるから、不動産所得に該当するとして、請求人に対し所得税の決定処分等を行いました。これに対し、請求人は、この金員は不動産所得に該当せず、相続税の対象であるなどとして、原処分の全部の取消しを求めました。

　審判所は、和解により請求人が受け取った果実精算分の金員は、請求人と実弟との間に存する本件相続に関する一切の紛争を解決するための和解金ないし解決金の性質を有するものであると認めるのが相当であるとし、また、実弟が本件金員を期限に遅滞なく支払ったときは、請求人は持分を主張せず、実弟は請求人に対する貸金債権を主張しない旨合意され、実際に本件金員が支払われたことに照らせば、遺留分減殺請求によって、遺言及び相続によるマンションの承継の効力は左右されることはなく、請求人はマンションの持分を有したことはなく、民法1036条（受贈者による果実の返還）所定の果実としてマンションの賃料債権を取得することもなかったものと見るのが相当であり、本件金員は、マンションの賃料収入に係る果実返還金ではないから不動産所得とは認められないとしました。さ

> らに、本件金員の法的性質は、相続に関する紛争を解決するための和解金
> ないし解決金であって、遺留分減殺請求に対する価額弁償金や果実返還金
> として支払われたものではないから、これを相続財産と見ることはできな
> いとし、本件金員は一時所得と認めるのが相当であるから、その支払を受
> けた平成25年分の一時所得と認めるのが相当であるとしました。

　遺留分権利者が、遺留分減殺請求により価額弁済金を受け取り、更に、果実返還請求により賃料相当を受け取ったならば、相続税や所得税の期限後申告が必要ではないかという疑問が生じます。収受した金員が価額弁済金であれば、遺留分減殺請求を受けた者は、その請求に基づき返還すべき、又は弁償すべき額が確定したことにより、すでに申告した相続税について更正の請求をすることができ、遺留分権利者についても、期限後申告等ができるとされています（相法30①・32①三・35③）。

　これらはすべて「できる」規定なので、遺留分減殺請求により価額弁償金が支払われたとしても、全体の相続税額は変わることはないということで（相法2）、遺留分権利者の申告を義務づけたものにはなっていません。もっとも、遺留分減殺請求を受けた者が、相続税の更正の請求をしたならば、その均衡は崩れますので、更正の請求があったにも関わらず、遺留分権利者が期限後申告等をしていない場合は、税務署長が更正又は決定をするという規定が設けられています（相法35③）。そこで、実務では、そんな面倒なことにならないよう、価額弁償金支払時に、税金面についても民民で調整する方法を取ることも多いようです。

　ところで、民法では遺留分減殺請求に対して現物財産が返還される場合は、減殺請求がなされた日以降の果実を遺留分権利者に返還することとなりますが、税法においては、遺贈又は「相続させる」遺言に対してなされた遺留分減殺請求については、減殺請求の通知の日ではなく、減殺請求に基づき「返還すべき、又は弁償すべき額が確定」した日が更正の請

求の起算日となっています（相法32）。つまり、相続税法では、返還すべき額等が確定した日を、遺留分権利者が遺留分を現実に取得した日と理解していると推測されます（関根稔・間瀬まゆ子編著『税理士のための相続をめぐる民法と税法の理解』265頁　ぎょうせい）。そして、法定果実についても、遺贈又は「相続させる」遺言に対して遺留分減殺請求があった場合は、所得税法36条の権利確定主義の考え方を基礎とすれば、取戻財産の最終的な帰属及び民法1036条による果実返還義務が判決により確定した日の属する年分において課税するのが相当とされます（福田知弘「遺留分減殺請求があった場合の相続財産から生ずる所得の課税関係について」73頁　税大論叢45号）。つまり、遺贈又は「相続させる」遺言がすでに履行された場合は、その財産は遺留分侵害者にすでに移転していることから、遺留分侵害者がその財産を管理支配しているということになり、その財産の処遇が実際に決まるまでは、課税関係に変動はないということです。

●遺贈又は「相続させる」遺言に対して遺留分減殺請求があった場合の 法定果実の課税関係

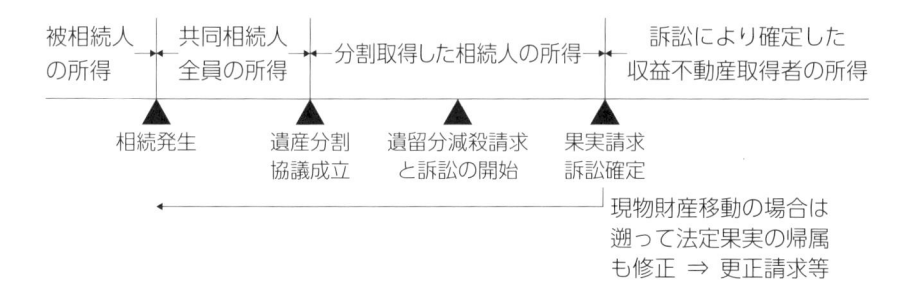

一方、相続分の指定又は割合的包括遺贈に対して遺留分減殺請求があった場合、「減殺があった相続分の指定及び割合的包括遺贈の割合は遺留分を侵害する限度においてその効力を失う。このため、遺留分権利者と遺留分侵害者は減殺請求によって修正された相続分すなわち個別的遺留分による相続財産の共有関係になる」（前掲福田論文71頁）ことから、「相

続財産から生ずる所得についても個別的遺留分に応じて各相続人に帰属する」こととなり（前掲福田論文72頁）、課税関係もそれに従うこととなります。

●相続分の指定又は割合的包括遺贈に対して遺留分減殺請求があった場合の法定果実の課税関係

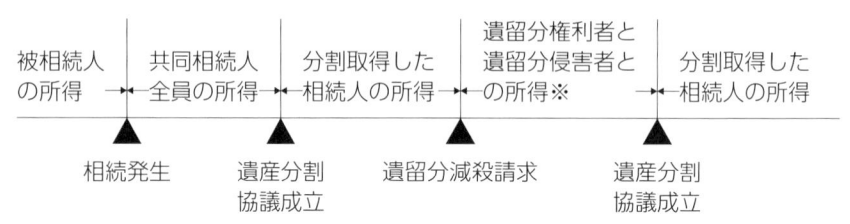

※遺留分率（遺留分権利者に保障された遺留分の割合）分請求者に帰属

　これらの民法上の関係やそれに伴う課税関係は、前提として遺留分減殺請求により現物資産の分割をやり直した場合ですが、遺留分権利者から遺留分減殺請求を受けた受遺者は、贈与又は遺贈を受けた現物を返還することに代えて、価額弁償金を支払うことにより現物返還義務を免れることができます（民1041①）。つまり、価額弁償金を支払ったならば、相続分の指定又は割合的包括遺贈に対して遺留分減殺請求があった場合であっても、現物資産が遺留分請求者と遺留分侵害者との共有になることはありません。したがって、法定果実分を勘案した和解があったとしても、それは法定果実自体の清算ではないため、不動産所得とはなりえません。

　236頁の裁決では、そういったことを根拠として、遺留分権利者が取得した金員の所得区分として、不動産所得でなく、臨時的・偶発的な所得で、労務その他の役務又は資産の譲渡の対価としての性質を有しないものであるから、一時所得であるとしたということになります。

第5節 消費税の納税義務の判定

1 相続で事業を引き継いだ場合の納税義務

　法定果実に関しては、所得税だけでなく、消費税の課税関係についても留意する必要があります。

　タックスアンサーには「相続で事業を引き継いだ場合の納税義務について」（No.6602・国税庁ホームページ）という項目があり、免税事業者である相続人が相続により被相続人の事業を承継した場合における相続人の納税義務を次のように示しています。

❶ 相続があった年

ア　相続があった年の基準期間における被相続人の課税売上高が1,000万円を超える場合は、相続があった日の翌日からその年の12月31日までの間の納税義務は免除されません。

イ　相続があった年の基準期間における被相続人の課税売上高が1,000万円以下である場合は、相続があった年の納税義務が免除されます。ただし、この場合であっても、相続人が課税事業者を選択しているときは納税義務は免除されません。

❷ 相続があった年の翌年又は翌々年

ア　相続があった年の翌年又は翌々年の基準期間における被相続人の課税売上高と相続人の課税売上高との合計額が1,000万円を超える場合は、相続があった年の翌年又は翌々年の納税義務は免除されません。

イ　相続があった年の翌年又は翌々年の基準期間における被相続人の課

税売上高と相続人の課税売上高との合計額が1,000万円以下である場合は、相続があった年の翌年又は翌々年の納税義務が免除されます。ただし、この場合であっても、相続人が課税事業者を選択しているときは納税義務は免除されません。

（注１）　相続人には、相続があった日の属する年の基準期間において事業を行っていない者も含みます。

（注２）　被相続人の事業を承継した場合とは、相続により被相続人の行っていた事業の全部又は一部を継続して行うため財産の全部又は一部を承継した場合をいいます。

（注３）　被相続人が提出した課税事業者選択届出書、課税期間特例選択等届出書又は簡易課税選択届出書の効力は、相続により被相続人の事業を承継した相続人には及びませんので、相続人がこれらの規定の適用を受けようとするときは、新たにこれらの届出書を提出しなければなりません。

　以上が無味乾燥な免税事業者の判定ですが、東京国税局の照会事例では、共同相続人全員で事業を承継した場合で、遺産分割により免税事業者の判定が変わってくることになるのかということを問うています。このような照会者からの質問に対し、平成24年９月18日付け東京国税局審理課長は、「標題のことについては、ご照会に係る事実関係を前提とする限り、貴見のとおりで差し支えありません。」と回答しています。少し長いですが、この照会内容をここに引用し、検討することにします。

前年に相続があった場合の共同相続人の消費税の納税義務の判定について

別紙 1 - 1 事前照会の趣旨

1　照会要旨

(1)　私、実母及び実妹は、それぞれに事業を営んでいる個人事業者です。

昨年（平成23年）4月に実母（以下「被相続人」といいます。）が亡くなり、今年（平成24年）2月に相続人である私と実妹（以下「私たち」といいます。）で遺産分割協議が成立し、被相続人が営んでいた事業の全てを私が承継することになりました。

なお、被相続人が営んでいた事業は、遺産分割協議が成立するまでは私たちが共同して営んでいました。

(2)　私たちのそれぞれの事業収入（課税売上高）は、平成21年分課税期間（以下「平成21年分」といい、他の年分（課税期間）も同様です。）及び平成22年分のいずれの年分においても1,000万円以下であることから、これらの年分を基準期間とする平成23年分（相続があった年）及び平成24年分（相続があった年の翌年）においては、私たちは、消費税法第9条《小規模事業者に係る納税義務の免除》第1項の規定では免税事業者となります。

(3)　しかしながら、免税事業者である相続人が、一定規模以上の事業を相続した場合には、消費税法第10条《相続があった場合の納税義務の免除の特例》により、納税義務は免除されないとされています。

被相続人は、経常的に課税売上高が1,000万円を超える課税事業者であったことから、私たちは、この規定の適用を受けるものと

考えます。

　私たちは、遺産の分割が行われるまでは、被相続人が行っていた事業を共同で営んでいましたので、平成23年分及び平成24年分に係る消費税の納税義務の有無を判定するに当たり、消費税法基本通達1-5-5《共同相続の場合の納税義務》を適用して被相続人の基準期間（平成21年分及び平成22年分）における課税売上高を法定相続分（それぞれ1/2）であん分し、消費税法の規定に従い判定した結果、2人ともいずれの年分も免税事業者に該当すると判断しました。

(4)　ところで、民法第909条《分割の遡及効》では、遺産の分割は相続開始の時に遡ってその効力を生ずるとされていますから、私は相続開始の時（相続があった日）に遡って被相続人が営んでいた事業の全てを承継したことになります。

　私の平成23年分及び平成24年分に係る消費税の納税義務の有無について、遺産分割の結果に基づき改めて判定すると、いずれの年分も課税事業者に該当することとなりますが、私は、上記（3）のとおり消費税関係法令に従い判定した結果、免税事業者に該当すると判定していますので、その判定をし直す必要はなく、免税事業者に該当すると取り扱って差し支えないか照会いたします。

別紙1-2　事前照会に係る取引等の事実関係

2　事実関係

　本件相続に係る相続人は、私と実妹の2名のみであり、法定相続分は各々1/2です。

　また、その余の事実関係は次のとおりです。

(1)　それぞれ営んでいた事業は次のとおりです。

区　分	事業内容等
被相続人	農業及び不動産賃貸業（貸店舗）
私	農業及び不動産賃貸業（貸店舗）
実妹	不動産賃貸業（駐車場）

(2)　遺産の分割が行われるまでの間、被相続人が営んでいた事業に供されていた農地及び不動産は被相続人名義のままであり、被相続人が営んでいた農業及び不動産賃貸業を私たちが共同で営んでいました。

　　また、私たちは、遺産の分割が行われるまでの間の農業及び不動産賃貸業から生ずる所得については、法定相続分に従い、その収入及び費用の1/2ずつをそれぞれの平成23年分の所得に含め所得税の確定申告をしています。

(3)　被相続人と私たちそれぞれの各年分における課税売上高の状況は、次のとおりです。

（単位：円）

区分＼年分	平成21年分	平成22年分	平成23年分（注）
被相続人	13,500,000	13,900,000	4,600,000
私	2,060,000	2,060,000	6,390,000
実妹	200,000	240,000	4,860,000

(注)　平成23年分について、被相続人の課税売上高は、死亡時までのものであり、私たちが、消費税法第45条第3項に規定する消費税の確定申告をしています。また、私たちの課税売上高には、上記（2）の金額が含まれています。

(4)　被相続人は、平成21年分ないし平成23年分において消費税の課税事業者であり、簡易課税制度の適用を受けていましたが、私たちは、平成23年分及び平成24年分は免税事業者に該当すると判定しましたので、消費税に関する各種届出書（課税事業者届出書、簡易課税選択届出書）及び平成23年分の消費税の確定申告書を提出していません。

別紙1-3 事前照会者の求める見解となることの理由

3　照会者の見解となる理由

(1)　消費税法の規定等

①　消費税の納税義務者

事業者（個人事業者及び法人）は、国内において行った課税資産の譲渡等につき消費税を納める義務がありますが、当該事業者のうち、その課税期間に係る基準期間における課税売上高が1,000万円以下である事業者については、納税義務は免除されます（消法5①・9①）。

ところで、消費税の納税義務の判定は当該事業者の「課税期間における課税売上高」でなく、「基準期間における課税売上高」という過去の一定期間における課税売上高により行うこととされています。

これは、消費税は事業者が販売する商品やサービスの価格に含まれて転嫁していくものであることから、その課税期間が課税事業者に該当するかどうか、特に免税事業者から課税事業者となる場合には、事業者自身が事前に予知しておく必要があることによるものと理解しています。

また、課税事業者となる場合には、消費税法に規定する帳簿の記載などが必要となりますのでこれらに対する事前準備や簡易課

税制度を選択する、あるいは免税事業者が課税事業者となること
を選択する場合は、その課税期間の開始の日の前日までに所定の
届出書を納税地の所轄税務署長に提出することなどからも、事前
に予知しておく必要があると考えます。

② 相続があった場合の納税義務の免除の特例

　課税事業者が行っていた事業を免税事業者（事業を行っていない
者を含みます。）が相続により承継した場合には、次のとおり、納
税義務の免除の特例が設けられています（消法10、消基通1-5-4）。

イ　その年に相続があった場合（消法10①）

　その年において相続があった場合において、その年の基準期
間における課税売上高が1,000万円以下である相続人（課税事業
者を選択している者を除きます。）が、当該基準期間における課税
売上高が1,000万円を超える被相続人の事業を承継したときは、
当該相続人の当該相続のあった日の翌日からその年12月31日ま
での間における課税資産の譲渡等については、納税義務を免除
しないとされています。

　なお、当該規定は、被相続人の基準期間における課税売上高
だけで納税義務の有無を判定するものですが、相続があった年
に、年の途中から、しかも相続の直後に煩雑な事務処理をしな
ければならないことにならないように配慮されたものと理解し
ています。

ロ　その年の前年又は前々年に相続があった場合（消法10②）

　その年の前年又は前々年において相続により被相続人の事業
を承継した相続人のその年の基準期間における課税売上高が
1,000万円以下である場合において、当該相続人の当該基準期間

における課税売上高と当該相続に係る被相続人の当該基準期間における課税売上高との合計額が1,000万円を超えるときは、当該相続人のその年における課税資産の譲渡等については、納税義務を免除しないとされています。

　なお、この場合、被相続人の事業に係る「基準期間における課税売上高」も取り込んで納税義務を判定しますが、相続人及び被相続人の「基準期間における課税売上高」という過去の一定期間における課税売上高で判定することとされていることは、上記①と同様に、事業者自身が事前に予知しておく必要があることによるものと考えます。

③　共同相続の場合の取扱い（消基通1-5-5）

　上記②の規定を適用する場合において、2以上の相続人があるときには、相続財産の分割が実行されるまでの間は被相続人の事業を承継する相続人が確定しないことから、各相続人が共同して被相続人の事業を承継したものとして取り扱うこととされています。この場合において、各相続人のその課税期間に係る基準期間における課税売上高は、当該被相続人の基準期間における課税売上高に各相続人の民法第900条各号《法定相続分》等に規定する相続分に応じた割合を乗じた金額とされています。

　なお、この取扱いは、相続人が数人あるときの相続財産は、その共有に属することとされている民法第898条《共同相続の効力》の規定を踏まえ、承継に係る事業についても、各相続人が共同して承継したものとすることが実情に合うことから、各相続人が共同してその事業を承継したものとして取り扱うことを示したものであると理解しています。

⑵　納税義務の判定

　私は、上記⑴の②及び③に基づき、私自身の平成23年分及び平成24年分に係る納税義務の判定を行いました。

　①　平成23年分（相続があった年）
　　　イ　私の基準期間（平成21年分）における課税売上高
　　　　　206万円　≦1,000万円
　　　ロ　私の法定相続分に係る被相続人の基準期間（平成21年分）における課税売上高
　　　　　1,350万円×1/2＝675万円≦1,000万円
　　　したがって、納税義務なし（免税事業者）

　②　平成24年分（相続があった年の翌年）
　　　206万円(a)＋695万円（1,390万円×1/2）(b)＝901万円≦1,000万円
　　　⒜　私の平成22年分の課税売上高
　　　⒝　私の法定相続分に係る被相続人の基準期間（平成22年分）における課税売上高
　　　したがって、納税義務なし（免税事業者）

⑶　相続の遡及効による納税義務の再判定の要否

　民法第909条の規定により、遺産の分割は相続開始の時に遡ってその効力を生ずるとされていますから、私の場合、平成24年2月に行った遺産の分割により、相続開始の時、すなわち被相続人が亡くなった平成23年4月に被相続人から全ての財産を相続により承継したこととなります。

　しかしながら、消費税の納税義務者に該当するかどうかは、上記⑴の①及び②のとおり、事業者自らが事前に予知しておく必要があり、また、上記⑴の③のとおり、相続財産が未分割の場合における

納税義務の判定方法が示されています。

このようなことから、消費税法第10条の適用に当たっては、事業者が、判定時点での適正な事実関係に基づき消費税関係法令の規定に従って納税義務が判定されたものである場合にはその判定が認められるものと解するのが相当であると考えます。

したがって、私の場合には、当初に判定したとおり免税事業者に該当するものと考えます。

上記の照会事例では、消費税法10条で、特に相続があった場合の納税義務の免除の特例が定められているのは、消費税の納税義務者に該当するかどうかは、事業者自らが事前に予知しておく必要があるからだとしています。

そこで、事例と異なり、遺産分割により「私」が被相続人の事業のすべてを承継したとするとどのようになるかを考えます。数値は仮に定めたものです。被相続人の共同相続人は2人、単純相続であり、相続分の指定はないものとします。

●被相続人の事業についての課税売上高

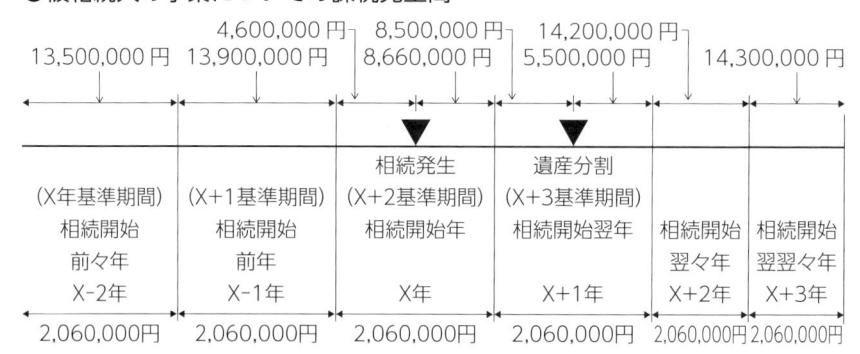

●相続人「私」のもともとの事業についての課税売上高（被相続人分を含まない）

この例では、X年の被相続人の納税義務は、被相続人の基準年度、すなわちX-2年の課税売上高で判定することから、13,500,000円 ≧ 10,000,000円より、被相続人は消費税の納税義務者となります。

また、X年の相続人「私」の納税義務は、被相続人の基準年度、すなわちX-2年の課税売上高に相続分を乗じて計算した金額又は相続人のX-2年の課税売上高で判定することから、13,500,000円×1／2＝6,750,000円＜10,000,000円であることと、2,060,000円＜10,000,000円であることにより、「私」は免税事業者となります。

次にX＋1年の「私」の納税義務は、被相続人の基準年度、すなわちX-1年の課税売上高に相続分を乗じた金額に相続人のX-1年の課税売上高を加算した金額で判定します。ここで、X＋1年中に遺産分割協議が成立し、「私」が被相続分の事業のすべてを承継することとなりましたが、消費税の納税義務はその課税期間開始時に判明している必要があることから、X＋1年開始時の事実関係により判断することになります。つまり、基準年度であるX-1年の課税売上高に相続分を乗じて計算した金額は13,900,000円×1／2＝6,950,000円となり、「私」のX-1年の課税売上高は2,060,000円となりますので、これらの合計額は6,950,000円＋2,060,000円＝9,010,000円＜10,000,000円ですので、やはり「私」は免税事業者となります。

そしてX＋2年の「私」の納税義務についても、被相続人の基準年度、すなわちX年の課税売上高と相続人のX年の課税売上高を加算した金額で判定しますが、X＋1年中に遺産分割協議が成立しX＋2年開始時には事業を承継する相続人は「私」であると確定しているため、X年の課税売上高に法定相続分は乗じないで判定します。つまり、基準年度であるX年の課税売上高は、被相続人分4,600,000円＋相続人である「私」分、8,660,000円×1／2＋本来の「私」分2,060,000円＝10,990,000円 ≧

10,000,000円となり、「私」は課税事業者となります。

　ここで、相続開始年分の被相続人の事業のうち、相続発生までの課税売上高については法定相続分を乗じませんが、相続発生から遺産分割成立時までの期間の課税売上高については法定相続分を乗じます。それは、遺産分割の遡及適用の効果は法定果実には及ばないことと、消費税法基本通達1-5-5（共同相続の場合の納税義務）の規定は、事業を承継する相続人が決定していない段階で、被相続人の事業にかかる基準年度の課税売上高をどう取り込むかの規定であることによります。

　なお、東京国税局の照会事例と同趣旨の照会事例として、「相続があった年に遺産分割協議が行われた場合における共同相続人の消費税の納税義務の判定について」（大阪国税局審理課長回答　平成27年3月24日）があります。

2　簡易課税制度と相続

　相続があった場合の簡易課税制度の適用の判定については、課税事業者の判定と異なり、特に規定は設けられていません。つまり、相続があった場合の納税義務免除の特例（消法10）は、納税義務の有無を判断する場合の規定であり、被相続人の基準期間の課税売上高は簡易課税制度の5,000万円基準（消法37①）の判定に影響しません（消法10・37）。

　これに関係して、組織再編成に関しては、消費税法基本通達13-1-2（合併法人等が簡易課税制度を選択する場合の基準期間の課税売上高の判定）において、「吸収合併又は吸収分割があった場合において、当該吸収合併に係る合併法人又は当該吸収分割に係る分割承継法人の法第37条第1項《中小事業者の仕入れに係る消費税額の控除の特例》に規定する基準期間における課税売上高が5,000万円を超えるかどうかは、当該合併法人又は当該分割承継法人の基準期間における課税売上高のみによって判定するのであるから留意する。」と明記されているのに対し、相続については明

記がないため不安に感じるむきもあると思います。

　このことについては、消費税法37条より明白ですが、各国税局における内部研修資料においても、被相続人の基準期間の課税売上高は影響しないと明記されています（情報公開資料「事例集　個人課税関係　平成21年版　誤りやすい事例（消費税２）」大阪国税局　個人課税関係審理事務（Ⅱ）研修資料第３号　平成21年12月１日、TAINSコード消費事例大阪局211202他）。

　したがって、相続があった場合の簡易課税制度の適用については、選択届出書の提出に関することが、留意すべき事項となります。消費税法基本通達13-1-3の２　（相続があった場合の簡易課税制度選択届出書の効力等）では、「相続があった場合における法第37条第１項《中小事業者の仕入れに係る消費税額の控除の特例》の規定の適用は、次のようになるのであるから留意する。」として、以下の事項をあげています。

① 　被相続人が提出した簡易課税制度選択届出書の効力は、相続により当該被相続人の事業を承継した相続人には及ばないこと

　つまり、事業を承継した相続人が簡易課税制度を選択しようとするときは、新たに簡易課税制度選択届出書を提出しなければいけないこととなります。

② 　事業を営んでいない相続人が相続により被相続人の事業を承継した場合又は個人事業者である相続人が相続により簡易課税制度の適用を受けていた被相続人の事業を承継した場合の取扱い

　事業を承継した相続人が相続があった日の属する課税期間中に簡易課税制度選択届出書を提出したときは、その課税期間から簡易課税制度を適用して確定申告を行うことができます。

　ただし、もともと課税事業者に該当する個人事業者が、相続により簡易課税制度の適用を受けていた被相続人の事業を承継した場合は、相続があった日の属する課税期間中に簡易課税制度選択届出書を提出したと

しても、簡易課税制度を適用して確定申告を行うことができるのは、その課税期間の翌課税期間からとなります。

◆著者紹介

小林 磨寿美（こばやし・ますみ）

福岡県立小倉高等学校、横浜国立大学経営学部卒業。コンピュータソフトウエア会社にてシステムエンジニアとして勤務後、方向転換し税理士資格取得。

2001年、小林磨寿美税理士事務所を開設。

東京地方税理士会税法研究所研究員、一般社団法人 FIC（税制研究所）理事、青山学院大学大学院ビジネス法学科非常勤講師。

＜主な著作＞

『修繕費・改良費及び増改築費用の税務』（大蔵財務協会）

『勘定科目別 法人税 完全チェックマニュアル［法人税改革対応版］』（ぎょうせい）

『相続税申告で迷いがちな債権・債務—法務・税務の取扱いと留意点』（清文社）

『後発的事由の税務Q&A—申告後の事情変更への対応策』（中央経済社）

『【個人・法人／地主・借地人】の取引主体で解きほぐす 借地権の税務判断』（清文社）
　　ほか

税理士が知っておきたい

兄弟姉妹の相続

2018年10月5日　発行

著　者　　小林 磨寿美 ©

発行者　　小泉 定裕

発行所　　株式会社 清文社

東京都千代田区内神田1－6－6（MIFビル）
〒101-0047　電話 03（6273）7946　FAX 03（3518）0299
大阪市北区天神橋2丁目北2－6（大和南森町ビル）
〒530-0041　電話 06（6135）4050　FAX 06（6135）4059
URL http://www.skattsei.co.jp/

印刷：大村印刷㈱

■著作権法により無断複写複製は禁止されています。落丁本・乱丁本はお取り替えします。
■本書の内容に関するお問い合わせは編集部までFAX（03-3518-8864）でお願いします。
■本書の追録情報等は、当社ホームページ（http://www.skattsei.co.jp/）をご覧ください。

ISBN978-4-433-62708-9